MER ET MONDE

AU MENU

BRIMAR

Photographies : Nathalie Dumouchel
Sélection, adaptation et préparation des recettes : Josée Robitaille
Styliste : Josée Robitaille
La vaisselle a été offerte gracieusement par : Arthur Quentin
Geneviève Lethu
La Maison d'Émilie
Pier 1 Imports
Stokes

Les ustensiles de cuisine ont été offerts gracieusement par : Regal Ware Inc.

L'éditeur tient à remercier la Poissonnerie La reine de la Mer (Paul Talbot et son équipe) ainsi que Ramacieri Design Inc., pour leur contribution à ce livre.

Conception graphique : Zapp
Infographie : Typotech Inc.

ISBN 2-89433-309-9
Imprimé aux États-Unis.

TABLE DES MATIÈRES

∼

INTRODUCTION

Le poisson et les fruits de mer sont des aliments remarquables. Très nutritifs, ils sont également faciles à préparer, ils s'adaptent à tous les modes de cuisson, s'apprêtent de multiples façons et se servent avec une grande variété d'accompagnements.

Grâce aux techniques de conservation à la fine pointe et à la rapidité des moyens de transport, les étals des poissonneries nous offrent, aujourd'hui, un vaste choix de poissons et de fruits de mer provenant des quatre coins du monde.

Les poissons, riches en protéines et en vitamines, possèdent une chair tendre et faible en gras, qui se digère facilement. De plus, ils constituent une excellente source de phosphore, de magnésium, de cuivre, de fer et d'iode. Ils se subdivisent en trois catégories :

- les poissons maigres qui contiennent moins de 5 % de matières grasses (sole, raie, daurade, etc.);
- les poissons semi-gras qui contiennent entre 5 % et 10 % de matières grasses (sardines, saumon, etc.);
- les poissons gras qui contiennent plus de 10 % de matières grasses (thon, maquereau, anguille, etc.).

Les fruits de mer, eux, se subdivisent en deux groupes : les crustacés (homard, crabe, langoustine, etc.) et les mollusques (huîtres, moules, coquilles Saint-Jacques, etc.). Tous sont d'excellentes sources de protéines et de sels minéraux, et sont faibles en gras.

Achat

Qu'il s'agisse d'acheter un poisson ou des fruits de mer, certains critères de qualité peuvent aider à faire des choix judicieux.

Poisson frais et entier : ouïes rouges et humides; yeux vifs et convexes; peau luisante, tendue, adhérant à la chair; chair ferme et élastique; odeur douce et agréable.

Poisson frais et coupé : chair ferme, élastique, brillante; odeur agréable.

Poisson fumé : chair de belle couleur, non desséchée; odeur agréable.

Poisson surgelé : chair ferme et luisante, sans taches de brûlures de congélation et exempte de neige ou de cristaux de glace; emballage étanche.

Poisson en conserve : boîte de conserve ni bombée ni bosselée.

Crustacés vivants : lourds et vigoureux; carapace sans taches verdâtres ni noirâtres; yeux vifs; chair ferme; odeur agréable.

Crustacés surgelés : sans neige ni cristaux de glace; chair non desséchée; emballage étanche.

Mollusques : vivants jusqu'à la consommation; coquille intacte; odeur agréable; choquer les coquillages ouverts pour qu'ils se referment, sinon les éliminer.

Poulpes, calmars, seiches frais : chair ferme, recouverte d'un enduit visqueux.

Conservation

Le poisson frais doit être consommé le plus tôt possible après l'achat. Le poisson entier se conservera plus longtemps s'il a été vidé, car les enzymes contenues dans son estomac accélèrent le processus de détérioration. Pour conserver le poisson au réfrigérateur, il est conseillé de bien l'envelopper dans un sac de plastique et de le recouvrir de glace. Cependant, s'il est coupé, il faut éviter de le poser directement sur de la glace, car il perdra de sa couleur et de ses sucs. Les crustacés et les mollusques se conservent quelques jours au réfrigérateur; les poulpes, les calmars et les seiches, sur de la glace.

Congélation

Les congélateurs domestiques gèlent plus lentement que les congélateurs commerciaux, ce qui peut entraîner la formation de cristaux de glace pouvant détériorer aussi bien la texture que la saveur du poisson. Il est donc conseillé de régler la température du congélateur à son plus bas et de faire congeler le poisson très lentement afin de préserver sa texture et de minimiser la perte de jus.

GUIDE DE REMPLACEMENT*

~

Aiglefin	*Merlu, plie, sole, turbot*
Anguille de mer	*Congre*
Bar noir	*Bar rayé, loup de mer, rascasse rouge*
Bar rayé	*Bar noir, loup de mer, rascasse rouge*
Bonite	*Maquereau, thazard, thon*
Brochet	*Morue*
Caméléon/tile	*Bar rayé, loup de mer, morue*
Carpe	*Brochet, morue*
Daurade/spare doré	*Brème, pagre, rouget*
Daurade rose/spare royal	*Daurade, brème*
Éperlan	*Anchois, petit maquereau, sardine*
Espadon	*Bonite, thazard, thon*
Flétan	*Mérou, morue, turbot*
Hareng	*Maquereau, tarpon*
Lotte	*Flétan, mérou, morue,*
Loup de mer	*Bar noir, bar rayé, rascasse rouge*
Maquereau	*Espadon, hareng, thazard*
Mérou	*Bar noir, bar rayé, mulet*
Morue	*Aiglefin, flétan, merlu*
Pagre	*Daurade, castagnole, sabre*
Plie	*Carrelet, sole*
Pompano	*Castagnole, sabre, autres saurels*
Raie	*Aucun*
Requin	*Espadon, thazard*
Rouget	*Daurade, mulet, rascasse*
Saint-Pierre	*Castagnole, sole*
Sardine	*Anchois, éperlan, petit maquereau*
Saumon de l'Atlantique	*Omble de l'Arctique, saumon du Pacifique*
Saumon du Pacifique	*Saumon de l'Atlantique, truite saumonée*
Sole	*Carrelet, plie*
Tassergal	*Bonite, thazard, truite de mer*
Thon	*Bonite, espadon*
Truite arc-en-ciel	*Saumon, truite saumonée*
Truite de mer	*Tassergal*
Truite saumonée	*Omble de l'Arctique, saumon, truite arc-en-ciel*
Turbot	*Aiglefin, morue, plie, pompano*
Vivaneau	*Daurade, grondin, pagre*

* Ce guide vous permettra de remplacer un poisson qu'il vous est impossible de trouver sur le marché, ou encore de varier vos recettes. Il ne s'agit pas d'un guide d'équivalence, mais bien d'un guide de suggestions.

TABLEAU DES MÉTHODES DE CUISSON

≈

POISSON	fumé	cru[1]	mariné	vapeur	poché	à l'étuvée	frit	sauté	au four	grillé
Aiglefin	•		•	•	•	•		•	•	
Anguille de mer	•		•	•	•			•	•	
Bar noir		•	•	•	•	•		•	•	•
Bar rayé		•	•	•	•	•		•	•	•
Bonite		•	•	•	•	•		•	•	•
Brochet				•	•		•	•	•	
Caméléon/tile				•	•	•			•	
Carpe				•	•		•	•	•	
Daurade/spare doré		•	•	•	•			•	•	•
Daurade rose		•	•	•				•	•	
Éperlan							•	•	•	
Espadon	•		•			•	•	•	•	•
Flétan				•	•	•		•	•	•
Hareng			•				•	•	•	•
Lotte				•	•	•		•	•	•
Loup de mer	•	•	•	•	•	•		•		
Maquereau	•		•	•			•	•	•	•
Mérou		•					•	•	•	•
Morue				•	•	•	•	•	•	
Pagre				•	•	•		•	•	•
Plie	•	•		•	•	•		•	•	
Pompano	•					•		•	•	•
Raie				•	•			•	•	
Requin					•	•	•	•	•	
Rouget					•		•	•	•	
Saint-Pierre				•	•	•		•	•	•
Sardine			•				•	•	•	•
Saumon²	•	•	•	•	•		•	•	•	•
Sole		•		•	•		•	•	•	•
Tassergal					•	•	•	•	•	•
Thon		•	•				•	•	•	•
Truite arc-en-ciel	•			•	•			•	•	•
Truite de mer	•			•	•			•	•	•
Truite saumonée	•			•	•			•	•	•
Turbot		•		•	•	•	•	•	•	•
Vivaneau	•	•	•	•	•		•	•	•	•

[1] *Cru n'est manifestement pas une méthode de cuisson.*
Cependant, il s'agit d'un mode de préparation qu'il convient de mentionner
afin d'indiquer quels sont les poissons qui peuvent être apprêtés en sushi, sashimi, etc.

² *de l'Atlantique et du Pacifique.*

PARER UN POISSON

1- *Avec des ciseaux de cuisine, couper les nageoires dorsales du poisson.*

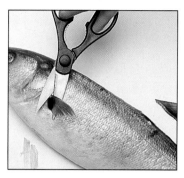

2- *Couper ensuite les nageoires ventrales.*

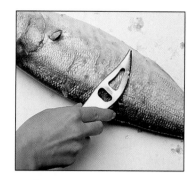

3- *Écailler le poisson à l'aide d'un écailleur, de la queue vers la tête.*

4- *Ou utiliser le dos de la lame d'un couteau et procéder comme avec un écailleur.*

5- *Avec la pointe d'un couteau, inciser le ventre du poisson.*

6- *Retirer les viscères.*

7- *Bien laver l'intérieur et l'extérieur du poisson sous l'eau froide.*

DÉSOSSER UN POISSON

1– Tenir le poisson paré ouvert et glisser la lame d'un couteau entre la chair et les arêtes latérales, de façon à les détacher.

2– Avec la pointe du couteau, couper le long de l'arête dorsale, des deux côtés, de la queue vers la tête.

3– Sectionner l'arête dorsale à la base de la tête, puis tirer dessus en partant de la tête vers la queue. Sectionner l'autre extrémité à la base de la queue.

FILETER UN POISSON

1– Sans couper la tête, pratiquer une incision dans les branchies du poisson.

2– Avec la pointe d'un couteau, inciser le poisson de la tête à la queue, le long de l'arête dorsale, en restant le plus près possible de celle–ci.

3– Détacher le filet du dessus; le soulever, glisser la lame du couteau à plat entre la chair et les arêtes et détacher celles–ci du filet.

4– Retourner le poisson et détacher le filet du dessous.

5– Glisser la lame du couteau entre la chair et les arêtes et détacher celles-ci du filet.

6– À l'aide d'une petite pince, enlever les arêtes qui restent sur les filets.

TRANCHER
UN FILET
~

Trancher un filet en tronçons d'environ 3,5 cm (1½ po) de large.

ESCALOPER
UN FILET
~

Avec un couteau bien aiguisé, trancher le filet en plaçant la lame légèrement en biais afin d'obtenir de larges tranches.

DÉCOUPER
UNE DARNE
~

Utiliser un poisson rond, paré. Couper la tête, puis le tailler en tranches d'environ 2,5 cm (1 po) d'épaisseur.

PRÉPARER UN TOURNEDOS
~

1- Retirer l'arête dorsale de la darne.

2- Enlever environ 2,5 cm (1 po) de chair aux extrémités.

3- Rabattre la peau autour de la chair.

4- Attacher avec une ficelle.

9

ENLEVER LA PEAU D'UN POISSON PLAT

1– *Pratiquer une incision au-dessus de la queue du poisson.*

2– *Glisser la pointe du couteau sous la peau afin de la soulever.*

3– *À l'aide d'un torchon, tenir le poisson par la queue et tirer fermement sur la peau, vers la tête. Retourner le poisson et répéter l'opération.*

DÉSOSSER LES SARDINES

1– *Couper la tête de la sardine.*

2– *Avec un couteau, ouvrir le ventre, retirer les entrailles et laver l'intérieur.*

3– *Glisser la lame du couteau entre la chair et les arêtes latérales, de chaque côté.*

4– *Avec la pointe du couteau, détacher l'arête dorsale, de chaque côté, jusqu'à la queue.*

5– *Tirer sur l'arête jusqu'à la queue et, s'il y a lieu, en couper l'extrémité avec des ciseaux.*

OUVRIR LES HUÎTRES

1- *Bien laver les huîtres sous l'eau froide.*

2- *Insérer la pointe du couteau à huître dans la cavité, à l'extrémité la moins large de l'huître. Tourner légèrement le couteau pour ouvrir la coquille.*

3- *Tenir fermement l'huître à l'aide d'un torchon, glisser la lame du couteau à l'intérieur, jusqu'à l'autre extrémité de la coquille.*

4- *Avec le couteau, sectionner le muscle afin de détacher l'huître de sa coquille.*

NETTOYER LES CREVETTES

1- *Décortiquer la crevette.*

2- *Pratiquer une incision sur le dos jusqu'à la queue.*

3- *Retirer la veine.*

NETTOYER LES MOULES

Bien brosser les moules, les ébarber en retirant le byssus, puis les laver sous l'eau froide.

NETTOYER LES CALMARS

1- *Détacher la tête du corps.*

2- *Enlever le cartilage, appelé «plume», se trouvant à l'intérieur du corps et vider celui-ci.*

3- *Enlever les ailes.*

4- *Retirer la peau et laver le corps du calmar.*

5- *Enlever le bec et le jeter.*

6- *Enlever les yeux des tentacules et les jeter. Apprêter le calmar de la façon désirée.*

DÉCORTIQUER LES HOMARDS

1- *Détacher la queue du corps.*

2- *Briser la carapace de la queue et en retirer la chair.*

3- *Détacher les pattes en les cassant à l'articulation.*

4- *Sectionner les pinces du reste de la patte.*

5- *Détacher la petite partie de la pince.*

6- *À l'aide d'une pince à homard ou d'un casse-noix, briser la carapace des pinces et en retirer la chair.*

Fines Herbes
~

ORIGAN

LAURIER

BASILIC
THAÏLANDAIS

MENTHE

ROMARIN

THYM

CORIANDRE

CIBOULETTE

SAUGE

CERFEUIL

BASILIC

PERSIL COMMUN

ANETH

ESTRAGON

OSEILLE

CIBOULETTE À L'AIL

ÉPICES

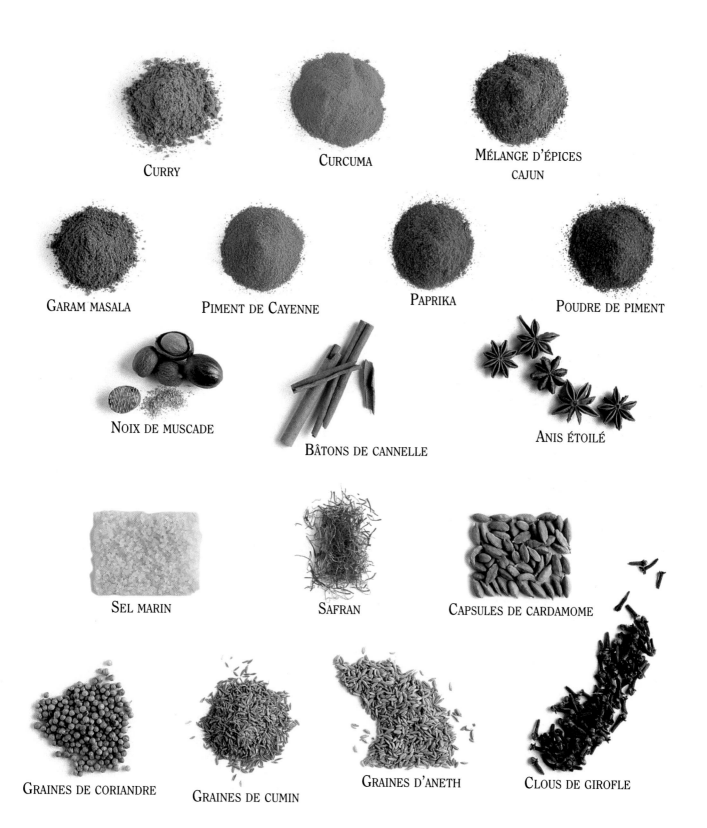

CURRY

CURCUMA

MÉLANGE D'ÉPICES
CAJUN

GARAM MASALA

PIMENT DE CAYENNE

PAPRIKA

POUDRE DE PIMENT

NOIX DE MUSCADE

BÂTONS DE CANNELLE

ANIS ÉTOILÉ

SEL MARIN

SAFRAN

CAPSULES DE CARDAMOME

GRAINES DE CORIANDRE

GRAINES DE CUMIN

GRAINES D'ANETH

CLOUS DE GIROFLE

EN SALADE

~

Qu'elles soient arrosées d'une vinaigrette plus ou moins

relevée, servies tièdes ou froides, les salades peuvent

constituer aussi bien des entrées succulentes que

des repas délicieux.

Dans les pages qui suivent, vous découvrirez

des combinaisons peut-être surprenantes, mais

combien délicieuses, où légumes et verdures se

marient avec poissons et fruits de mer et ce,

pour le plus grand plaisir du palais.

SALADE DE CREVETTES
ET CROSTINI À L'AIL ~

2	têtes d'ail	2
45 ml	huile d'olive extra-vierge	3 c. à s.
20	crevettes de taille moyenne, décortiquées et déveinées	20
2	échalotes françaises, hachées	2
60 ml	mayonnaise (voir p. 250)	4 c. à s.
30 ml	sauce chili*	2 c. à s.
8	tranches de pain français, écroûtées et coupées en 3	8
½	bouquet de rapinis, lavés et essorés	½
½	poivron rouge, en petits dés	½
½	poivron jaune, en petits dés	½
8	tomates cerises, en moitiés	8
	jus de ½ citron	
	sel et poivre fraîchement moulu	

Badigeonner les têtes d'ail d'huile d'olive.

~ Préchauffer le four à 100 °C (200 °F). Badigeonner les têtes d'ail avec 15 ml (1 c. à s.) d'huile d'olive. Les envelopper dans du papier d'aluminium et les faire cuire 30 minutes au four.

~ Pendant ce temps, porter à ébullition une grande casserole d'eau et y faire cuire les crevettes environ 4 minutes ; rincer sous l'eau froide, égoutter et réserver. Dans un grand plat, mélanger les échalotes, la mayonnaise et la sauce chili ; assaisonner au goût. Ajouter les crevettes, bien mélanger et réserver.

~ Pour préparer les crostini, badigeonner le pain d'huile d'olive et le faire griller au four. Réserver.

~ Arroser les rapinis de jus de citron, assaisonner et répartir entre 4 assiettes. Couvrir du mélange de crevettes et décorer de poivrons en dés et de tomates cerises.

~ Lorsque les gousses d'ail sont assez refroidies pour être manipulées, les peler et placer 1 gousse sur chaque crostini. Servir avec la salade.

4 PORTIONS

Envelopper les têtes dans du papier d'aluminium.

Peler l'ail cuit.

*NOTE : LA SAUCE CHILI EST PLUS DOUCE ET PLUS SUCRÉE QUE LA SAUCE AU PIMENT.

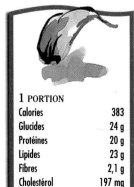

1 PORTION	
Calories	383
Glucides	24 g
Protéines	20 g
Lipides	23 g
Fibres	2,1 g
Cholestérol	197 mg

SALADE DE TRUITE SAUMONÉE À L'HUILE DE NOIX ∽

125 ml	vin blanc sec	½ tasse
250 ml	eau	1 tasse
4	filets de truite saumonée, sans la peau	4
15 ml	vinaigre balsamique	1 c. à s.
15 ml	huile de noix	1 c. à s.
30 ml	huile d'arachide	2 c. à s.
15 ml	cerfeuil frais, haché	1 c. à s.
225 g	mesclun*	½ lb
1	citron, pelé et tranché	1
	jus de ½ citron	
	sel et poivre fraîchement moulu	

∽ Mettre le vin, l'eau et le jus de citron dans un grand poêlon. Porter à ébullition et faire cuire 4 minutes à feu moyen. Baisser le feu à doux et ajouter les filets; faire cuire 4 minutes.

∽ Pendant ce temps, préparer la vinaigrette : mélanger le vinaigre balsamique, l'huile de noix, l'huile d'arachide et le cerfeuil; assaisonner au goût.

∽ Égoutter le poisson et couper chaque filet en deux; placer deux morceaux dans chaque assiette. Servir avec du mesclun. Arroser de vinaigrette et garnir de quartiers de citron.

4 PORTIONS

~~~~~~~~~~~~~~~~

*NOTE : LE MESCLUN, QUI VIENT DU SUD DE LA FRANCE, EST UN MÉLANGE DE DIVERSES LAITUES ET DE JEUNES POUSSES COMME LA MÂCHE, L'ENDIVE, LA TRÉVISE ET LA ROQUETTE. CE MOT VIENT DU PROVENÇAL «MESCLUMO», QUI SIGNIFIE MÉLANGE.

1 PORTION	
Calories	205
Glucides	3 g
Protéines	19 g
Lipides	13 g
Fibres	0,9 g
Cholestérol	50 mg

*NOTE : LA SAUCE DE POISSON, OU NAM PLA, EST UNE SAUCE BRUNE LÉGÈRE, FAITE D'ANCHOIS SALÉS ET FERMENTÉS. TRÈS UTILISÉE EN ASIE DU SUD-EST, ELLE EST UN INGRÉDIENT INCONTOURNABLE EN CUISINE THAÏLANDAISE.

SALADE TIÈDE DE CALMARS ÉPICÉE, À LA THAÏLANDAISE

6	calmars frais	6
30 ml	huile d'arachide	2 c. à s.
½	poivron rouge, haché finement	½
½	piment fort rouge, épépiné et haché finement	½
1	gousse d'ail, hachée finement	1
500 ml	bok choy, haché	2 tasses
15 ml	sauce de poisson (nam pla)*	1 c. à s.
60 ml	crème de coco	4 c. à s.
30 ml	coriandre fraîche, hachée	2 c. à s.
30 ml	ciboulette à l'ail fraîche, hachée	2 c. à s.
	jus de ½ lime	
	sel de mer	

≈ Nettoyer soigneusement les calmars (voir p. 12) et les trancher en anneaux de 0,5 cm (¼ po) d'épaisseur. Dans une grande casserole, faire chauffer l'huile à feu vif. Ajouter les calmars, saler et faire sauter 2 minutes.

≈ Baisser le feu à moyen. Ajouter le poivron, le piment, l'ail et le bok choy. Faire cuire 2 minutes. Ajouter la sauce de poisson, le jus de lime et la crème de coco; bien mélanger. Parsemer de coriandre et de ciboulette. Servir tiède.

4 PORTIONS

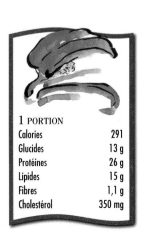

1 PORTION	
Calories	291
Glucides	13 g
Protéines	26 g
Lipides	15 g
Fibres	1,1 g
Cholestérol	350 mg

SALADE DE HARENG MARINÉ ET DE BETTERAVES ∼

300 g	hareng mariné	⅔ lb
2	pommes de terre nouvelles, non pelées	2
45 ml	huile de tournesol	3 c. à s.
1	petit oignon, haché finement	1
15 ml	vinaigre de vin blanc	1 c. à s.
2	betteraves* de taille moyenne, cuites et tranchées	2
	aneth frais, pour garnir	
	sel et poivre fraîchement moulu	

∼ Bien égoutter le hareng, le trancher et réserver. Faire cuire les pommes de terre dans de l'eau bouillante salée, environ 20 minutes. Retirer de l'eau et laisser refroidir.

∼ Pendant ce temps, préparer la vinaigrette en mélangeant l'huile de tournesol, l'oignon et le vinaigre blanc. Assaisonner au goût et réserver.

∼ Trancher les pommes de terre. Répartir les darnes de hareng, les betteraves et les pommes de terre entre 4 assiettes et arroser de vinaigrette. Garnir d'aneth frais et servir.

4 PORTIONS

∼∼∼∼∼∼∼∼∼∼∼∼∼∼∼∼∼∼∼∼

*NOTE : IL EST PRÉFÉRABLE DE FAIRE CUIRE LES BETTERAVES AVANT DE LES PELER. LA PEAU EST AINSI FACILE À RETIRER; IL SUFFIT DE PRESSER DESSUS AVEC LES DOIGTS.

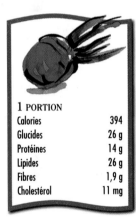

1 PORTION	
Calories	394
Glucides	26 g
Protéines	14 g
Lipides	26 g
Fibres	1,9 g
Cholestérol	11 mg

*NOTE : UNE HUÎTRE
ENTROUVERTE DOIT SE
FERMER LORSQU'ON FRAPPE
SUR L'ÉCAILLE. SI TEL N'EST
PAS LE CAS, LE MOLLUSQUE
EST MORT ET DOIT ÊTRE JETÉ.

SALADE D'HUÎTRES FRAÎCHES ET D'ÉPINARDS

300 g	épinards frais	10 oz
24	huîtres*	24
30 ml	sauce soya	2 c. à s.
15 ml	mirin (vin de riz)	1 c. à s.
15 ml	vinaigre de riz	1 c. à s.
2 ml	gingembre frais, haché	½ c. à t.
15 ml	huile de tournesol	1 c. à s.
2	carottes, en julienne	2
250 ml	daïkon (radis blanc japonais), tranché finement	1 tasse
	poivre fraîchement moulu	

~ Laver les épinards, les égoutter et les réserver dans un bol.

~ Laver les huîtres et les retirer des écailles, en réservant le liquide.

~ Pour préparer la vinaigrette, mélanger le jus des huîtres, la sauce soya, le mirin, le vinaigre de riz, le gingembre et l'huile de tournesol.

~ Poivrer les épinards et les arroser de vinaigrette; bien mélanger. Disposer les épinards au centre de chaque assiette et les huîtres tout autour; arroser de vinaigrette.

~ Disposer le daïkon et la julienne de carottes par-dessus et servir.

4 PORTIONS

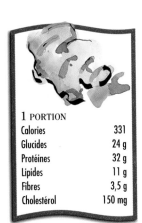

1 PORTION	
Calories	331
Glucides	24 g
Protéines	32 g
Lipides	11 g
Fibres	3,5 g
Cholestérol	150 mg

EN SALADE

ESCABÈCHE* À L'ORANGE, À LA MODE MEXICAINE

450 g	filets d'aiglefin ou de turbot, tranchés finement	1 lb
15 ml	huile d'olive	1 c. à s.
60 ml	huile d'olive extra-vierge	4 c. à s.
2	feuilles de laurier	2
2	échalotes françaises, hachées finement	2
1	gousse d'ail, hachée finement	1
15 ml	ciboulette fraîche, hachée	1 c. à s.
15 ml	coriandre fraîche, hachée	1 c. à s.
	jus de 1 orange	
	zeste de ½ orange	
	jus de 1 citron	
	sel et poivre fraîchement moulu	
	tranches d'orange, pour garnir	

~ Saler et poivrer les tranches d'aiglefin. Dans un poêlon, faire chauffer 15 ml (1 c. à s.) d'huile d'olive à feu vif. Faire frire l'aiglefin environ 30 secondes de chaque côté; réserver.

~ Dans un grand plat de verre ou de céramique, mélanger l'huile d'olive extra-vierge, le jus et le zeste d'orange, le jus de citron, les feuilles de laurier, les échalotes et l'ail. Ajouter le poisson et faire mariner 1 heure, en tournant délicatement les tranches après 30 minutes.

~ Ajouter la ciboulette et la coriandre; garnir de tranches d'orange. Servir avec des croustilles de maïs, si désiré.

4 PORTIONS

*NOTE : LE POISSON À L'ESCABÈCHE EST UNE TECHNIQUE ESPAGNOLE CONSISTANT À FAIRE FRIRE OU LÉGÈREMENT BRUNIR LE POISSON, PUIS À LE FAIRE MARINER 24 HEURES DANS UNE MARINADE RELEVÉE ET CUITE. LE POISSON AINSI APPRÊTÉ PEUT SE CONSERVER JUSQU'À UNE SEMAINE AU RÉFRIGÉRATEUR.

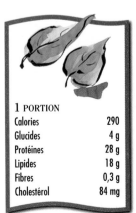

1 PORTION	
Calories	290
Glucides	4 g
Protéines	28 g
Lipides	18 g
Fibres	0,3 g
Cholestérol	84 mg

SALADE DE SAUMON POCHÉ ET D'ASPERGES

1,5 litre	eau	6 tasses
1	carotte, pelée et tranchée	1
1	blanc de poireau, tranché	1
1	oignon, tranché	1
1	brin de thym frais	1
2	brins de persil frais	2
2	darnes de saumon	2
500 ml	pommes de terre cuites, en dés	2 tasses
75 ml	mayonnaise (voir p. 250)	⅓ tasse
15 ml	estragon frais, haché	1 c. à s.
16	petites asperges, cuites et coupées en morceaux	16
	feuilles d'estragon frais, pour garnir	
	sel et poivre fraîchement moulu	

≈ Verser l'eau dans une grande casserole et ajouter la carotte, le poireau, l'oignon, le thym et le persil; porter à ébullition. Baisser le feu à moyen-doux. Ajouter les darnes de saumon et faire cuire 7 à 8 minutes.

≈ Pendant ce temps, mélanger les pommes de terre, la mayonnaise et l'estragon; bien assaisonner. Répartir entre 4 assiettes et disposer les asperges autour des pommes de terre. Lorsque le saumon est cuit, le retirer de la casserole; enlever la peau et les arêtes. Le défaire en morceaux et le disposer sur la salade de pommes de terre. Garnir de feuilles d'estragon et servir.

4 PORTIONS

≈≈≈≈≈≈≈≈≈≈≈≈≈≈≈≈≈≈≈≈≈

*NOTE : AJOUTER LES ARÊTES DE SAUMON AU BOUILLON DANS LA CASSEROLE ET POURSUIVRE LA CUISSON ENVIRON 20 MINUTES. FILTRER À LA PASSOIRE ET UTILISER LE FUMET POUR DES SOUPES OU D'AUTRES RECETTES. LE FUMET PEUT SE CONSERVER AU CONGÉLATEUR JUSQU'À 3 MOIS.

1 PORTION	
Calories	445
Glucides	28 g
Protéines	36 g
Lipides	21 g
Fibres	2,8 g
Cholestérol	112 mg

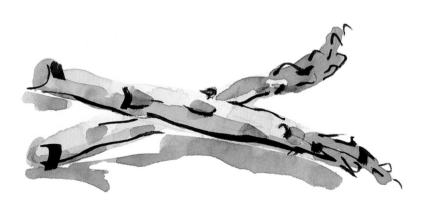

EN SALADE

SALADE TIÈDE D'AIGLEFIN
AUX POIVRONS

15 ml	vinaigre de riz	1 c. à s.
15 ml	huile de sésame	1 c. à s.
45 ml	huile d'arachide	3 c. à s.
350 g	filet d'aiglefin*, en 4 morceaux	¾ lb
½	poivron émincé de chaque sorte : rouge, vert, jaune et orange	½
	jus de ½ citron	
	jus de ½ lime	
	pousses de daïkon	
	feuilles de laitues variées	
	sel et poivre fraîchement moulu	
	graines de sésame blanches et noires	

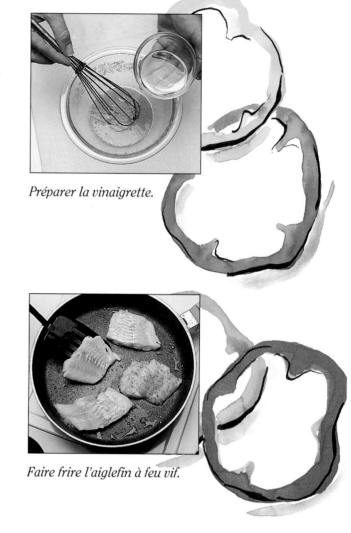

Préparer la vinaigrette.

~ Préparer la vinaigrette en mélangeant le vinaigre de riz, les jus de citron et de lime, l'huile de sésame et 30 ml (2 c. à s.) d'huile d'arachide. Réserver.

~ Faire chauffer une poêle à feu vif. Ajouter le reste de l'huile d'arachide. Bien assaisonner l'aiglefin et le faire frire 5 minutes de chaque côté. Retirer du feu ; ajouter la vinaigrette et les poivrons.

~ Placer un morceau d'aiglefin dans chaque assiette, avec les poivrons, les pousses de daïkon et des feuilles de laitue. Arroser de vinaigrette chaude et garnir de graines de sésame. Servir immédiatement.

Faire frire l'aiglefin à feu vif.

4 PORTIONS

*NOTE : DANS CETTE RECETTE, IL EST POSSIBLE DE REMPLACER L'AIGLEFIN PAR DU MERLU OU DE LA MORUE FRAÎCHE.

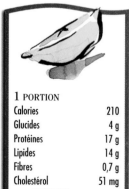

1 PORTION	
Calories	210
Glucides	4 g
Protéines	17 g
Lipides	14 g
Fibres	0,7 g
Cholestérol	51 mg

Ajouter les poivrons et la vinaigrette.

SALADE DE PIEUVRES AUX OLIVES DE CALAMATA

900 g	petites pieuvres	2 lb
375 ml	vin rouge	1½ tasse
1	gousse d'ail, écrasée	1
1	oignon, haché	1
2	brins d'origan frais	2
60 ml	huile d'olive extra-vierge	4 c. à s.
250 ml	olives de Calamata*, dénoyautées et coupées en 4	1 tasse
30 ml	vinaigre de vin rouge	2 c. à s.
30 ml	persil frais, haché	2 c. à s.
15 ml	origan frais, haché	1 c. à s.
	sel et poivre fraîchement moulu	

∾ Trancher la chair des pieuvres sous les yeux, pour séparer la tête des tentacules. Jeter la tête. Nettoyer les tentacules à l'eau froide courante et les attendrir avec un maillet.

∾ Plonger les pieuvres dans une casserole d'eau bouillante et faire cuire 5 minutes. Bien égoutter et laisser refroidir. Couper en tronçons de 2,5 cm (1 po). Placer les morceaux dans une casserole avec le vin rouge, l'ail, l'oignon et les brins d'origan.

∾ Couvrir et porter à ébullition. Baisser le feu à doux et laisser mijoter 45 minutes, ou jusqu'à ce que la pieuvre soit tendre. Ajouter l'huile d'olive, les olives, le vinaigre de vin, le persil et l'origan. Saler et poivrer au goût. Laisser refroidir et servir.

4 PORTIONS

*Note : LES OLIVES DE CALAMATA (GRÈCE) SONT DES OLIVES NOIRES MARINÉES DANS UN MÉLANGE DE SAUMURE, D'HUILE D'OLIVE ET DE VINAIGRE DE VIN.

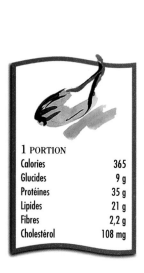

1 PORTION	
Calories	365
Glucides	9 g
Protéines	35 g
Lipides	21 g
Fibres	2,2 g
Cholestérol	108 mg

~~~~~~~~~~~~~

*NOTE : L'HUILE AROMATISÉE
AU BASILIC SERT À
ASSAISONNER ; ELLE N'EST
PAS RECOMMANDÉE POUR
LA CUISSON. ELLE REHAUSSE
LA SAVEUR DES SALADES ET
D'AUTRES METS COMME
LA PIZZA, LES PÂTES,
LE POISSON GRILLÉ, ETC.

Salade de homard et de pétoncles à l'huile au basilic ~

15 ml	huile d'olive	1 c. à s.
12	pétoncles	12
30 ml	vinaigre balsamique	2 c. à s.
60 ml	huile au basilic* (voir p. 252)	4 c. à s.
1	laitue, ciselée	1
1	botte de pissenlits	1
½	bulbe de fenouil, coupé en 4 dans le sens de la longueur	½
2	queues de homard, cuites et en tronçons	2
	sel et poivre fraîchement moulu	

~ À feu vif, faire chauffer l'huile d'olive dans un poêlon. Ajouter les pétoncles, assaisonner et faire cuire 1 minute de chaque côté ; retirer du feu. Mélanger le vinaigre balsamique et l'huile au basilic ; verser sur les pétoncles et réserver.

~ Laver et essorer la laitue et les pissenlits ; les répartir entre 4 assiettes. Ajouter une tranche de fenouil dans chacune ; saler et poivrer. Recouvrir de homard et de pétoncles. Arroser de vinaigrette et servir immédiatement.

4 PORTIONS

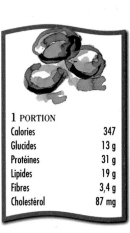

1 PORTION	
Calories	347
Glucides	13 g
Protéines	31 g
Lipides	19 g
Fibres	3,4 g
Cholestérol	87 mg

EN SOUPE

~

Servies au début d'un repas, les soupes ont un goût savoureux qui vous mettra en appétit! Certaines peuvent même, à elles seules, tenir lieu de plat principal.

Le délicieux arôme qui se dégage lors de la cuisson d'une soupe est des plus invitants. Et lorsque poissons et fruits de mer se mettent de la partie, nul ne peut y résister. Toutes plus faciles à préparer les unes que les autres, les recettes qui suivent sauront vous en convaincre.

SOUPE AUX FRUITS DE MER ET AU SAFRAN

1,5 litre	fumet de poisson	6 tasses
4	pommes de terre, pelées et en dés	4
250 ml	petits oignons	1 tasse
1	grosse pincée de safran*	1
8	palourdes fraîches, lavées et brossées	8
12	moules, lavées, brossées et ébarbées	12
675 g	morue, en cubes	1½ lb
12	pétoncles de taille moyenne	12
1	poivron rouge, en dés	1
60 ml	persil frais, haché	4 c. à s.
	sel et poivre fraîchement moulu	

~ Verser 1,25 litre (5 tasses) de fumet de poisson dans une grande casserole. Ajouter les pommes de terre et les oignons; porter à ébullition. Baisser le feu à moyen, couvrir et faire cuire 10 minutes.

~ Pendant ce temps, faire brunir le safran 1 minute dans une petite casserole, à feu vif. Ajouter aux pommes de terre.

~ Dans une autre casserole, verser le reste du fumet, les palourdes et les moules. Couvrir et faire cuire à feu vif jusqu'à ce que les coquilles s'ouvrent. Jeter tout coquillage non ouvert. Réserver les palourdes, les moules et le liquide de cuisson.

~ Ajouter le poisson et les pétoncles aux pommes de terre et aux oignons et faire cuire 5 minutes. Ajouter les palourdes, les moules et le liquide réservés. Ajouter le poivron rouge et le persil; rectifier l'assaisonnement et faire mijoter 5 minutes.

6 PORTIONS

*NOTE : POUR FAIRE RESSORTIR TOUTE LA SAVEUR DU SAFRAN, D'ABORD LE FAIRE INFUSER DANS DU LIQUIDE CHAUD. NE JAMAIS LE FAIRE FRIRE DANS UN CORPS GRAS TRÈS CHAUD.

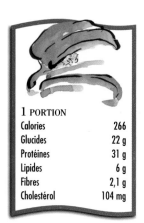

1 PORTION	
Calories	266
Glucides	22 g
Protéines	31 g
Lipides	6 g
Fibres	2,1 g
Cholestérol	104 mg

SOUPE WONTON AUX CREVETTES ET CHOY-SUM ∾

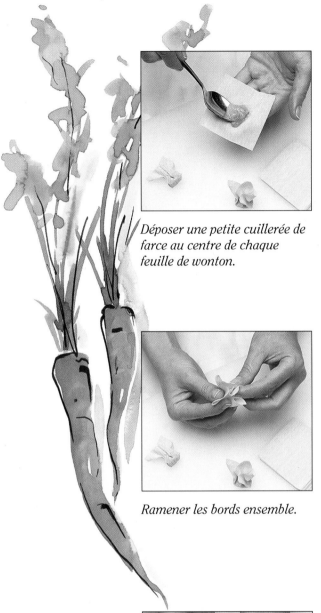

Déposer une petite cuillerée de farce au centre de chaque feuille de wonton.

Ramener les bords ensemble.

Retourner et presser pour sceller le wonton.

1	carcasse de poulet	1
450 g	os de bœuf ou de veau	1 lb
60 ml	crevettes séchées	4 c. à s.
1	oignon, haché	1
2	carottes, émincées	2
450 g	crevettes de taille moyenne, fraîches	1 lb
2	œufs	2
15 ml	xérès sec	1 c. à s.
40	feuilles de wonton*	40
500 ml	choy-sum haché, ou épinards	2 tasses
	oignons verts, hachés	
	sauce soya	
	sel et poivre fraîchement moulu	

∾ Bien rincer la carcasse et les os à l'eau courante et les placer dans une casserole. Ajouter les crevettes séchées, l'oignon et les carottes. Couvrir d'eau et porter à ébullition; écumer au besoin. Baisser le feu à doux et faire mijoter 1½ heure, en rajoutant de l'eau au besoin. Filtrer le bouillon à travers une passoire, puis le remettre dans la casserole; réserver.

∾ Pendant ce temps, préparer la farce : peler les crevettes et les réduire en purée au mélangeur. Ajouter les œufs, un à la fois, puis le xérès. Saler et poivrer.

∾ Déposer une petite cuillerée de farce au centre de chaque feuille de wonton, puis ramener les bords ensemble. Retourner et appuyer pour sceller les wontons.

∾ Plonger les wontons par dix dans l'eau bouillante salée, pendant environ 5 minutes. Les égoutter, puis les ajouter au bouillon. Ajouter le choy-sum et faire cuire 3 minutes, à feu vif. Garnir d'oignons verts hachés et servir avec de la sauce soya.

6 PORTIONS

∾∾∾∾∾∾∾∾∾∾∾∾∾∾∾∾∾∾∾∾∾∾∾∾∾∾∾∾∾∾∾∾∾

*NOTE : LES WONTONS CUITS PEUVENT AUSSI ÊTRE SERVIS AVEC DU VINAIGRE, DE LA SAUCE SOYA ET DE L'HUILE ÉPICÉE, OU AVEC UNE SAUCE AIGRE-DOUCE. EN CHINE, LES SOUPES SONT CONSOMMÉES ENTRE LES PLATS. DANS LES REPAS DE FÊTE, ELLES SONT SERVIES EN DERNIER.

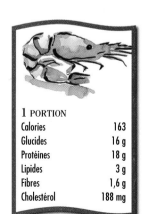

1 PORTION	
Calories	163
Glucides	16 g
Protéines	18 g
Lipides	3 g
Fibres	1,6 g
Cholestérol	188 mg

SOUPE AU FLÉTAN ET AU FENOUIL FRAIS

15 ml	beurre	1 c. à s.
1	oignon, en petits dés	1
1	petit bulbe de fenouil, émincé	1
2	pommes de terre, pelées et en dés	2
1,25 litre	fumet de poisson	5 tasses
350 g	flétan*	¾ lb
30 ml	feuilles de fenouil frais, hachées	2 c. à s.
5 ml	thym frais, haché	1 c. à t.
	sel et poivre fraîchement moulu	

≈ Faire fondre le beurre dans un poêlon. Ajouter l'oignon et le fenouil émincé; bien assaisonner. Faire cuire 3 minutes à feu moyen. Ajouter les pommes de terre et le fumet de poisson; porter à ébullition à feu vif. Baisser le feu à moyen et faire cuire environ 5 minutes.

≈ Ajouter le flétan et faire cuire 7 minutes, à feu moyen-doux, ou jusqu'à ce que le poisson soit cuit.

≈ Avec une écumoire, retirer le poisson de la soupe; enlever la peau et les arêtes. Défaire le poisson en morceaux et le remettre dans la soupe. Ajouter les feuilles de fenouil et le thym; rectifier l'assaisonnement et servir chaud.

6 PORTIONS

*NOTE : LE FLÉTAN EST LE PLUS GROS DES POISSONS PLATS. À 15 ANS, IL PEUT ATTEINDRE ENVIRON 2 M (6 PI) DE LONG ET PESER PLUS DE 300 KG (650 LB).

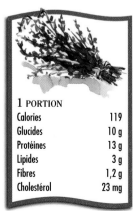

1 PORTION	
Calories	119
Glucides	10 g
Protéines	13 g
Lipides	3 g
Fibres	1,2 g
Cholestérol	23 mg

~~~~~~~~~~~~

*NOTE : LE GOMBO EST UNE PLANTE POTAGÈRE PROVENANT D'AFRIQUE. ELLE A ÉTÉ APPORTÉE EN AMÉRIQUE PAR LES ESCLAVES NOIRS. C'EST UN LÉGUME TYPIQUE DE LA CUISINE ANTILLAISE ET CRÉOLE.

SOUPE AUX GOMBOS ET AUX FRUITS DE MER   ≈

30 ml	beurre	2 c. à s.
1	oignon, émincé	1
500 ml	gombos frais, tranchés	2 tasses
1 litre	fumet de poisson	4 tasses
30 ml	pâte de tomate	2 c. à s.
2	brins de thym frais	2
2	brins de persil frais	2
1	feuille de laurier	1
300 g	crevettes, décortiquées et déveinées	⅔ lb
45 ml	huile d'olive	3 c. à s.
45 ml	farine, légèrement grillée au four	3 c. à s.
450 g	chair de crabe	1 lb
2	tomates en dés, 1 rouge et 1 jaune	2
30 ml	persil frais, haché	2 c. à s.
	sel et poivre fraîchement moulu	

≈ À feu moyen, faire fondre le beurre dans une grande casserole. Baisser le feu à doux, ajouter l'oignon et faire cuire 5 minutes. Ajouter les gombos et poursuivre la cuisson 4 minutes. Ajouter le fumet de poisson, la pâte de tomate, le thym, le persil et la feuille de laurier. Porter à ébullition, ajouter les crevettes et faire cuire 3 minutes.

≈ Mélanger l'huile et la farine et bien les incorporer à la soupe. Baisser le feu à moyen. Ajouter la chair de crabe, les tomates et le persil haché; faire mijoter 5 minutes.

≈ Assaisonner s'il y a lieu et servir chaud.

6 PORTIONS

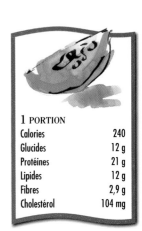

1 PORTION	
Calories	240
Glucides	12 g
Protéines	21 g
Lipides	12 g
Fibres	2,9 g
Cholestérol	104 mg

VICHYSSOISE* AUX MOULES

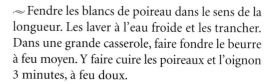

2	blancs de poireau	2
15 ml	beurre	1 c. à s.
1	oignon, émincé	1
4	pommes de terre, pelées et en dés	4
2	brins de persil frais	2
900 g	moules, brossées, ébarbées et lavées	2 lb
250 ml	crème légère	1 tasse
30 ml	persil frais, haché	2 c. à s.
	sel et poivre fraîchement moulu	
	brins de persil, pour garnir	

~ Fendre les blancs de poireau dans le sens de la longueur. Les laver à l'eau froide et les trancher. Dans une grande casserole, faire fondre le beurre à feu moyen. Y faire cuire les poireaux et l'oignon 3 minutes, à feu doux.

~ Ajouter les pommes de terre et couvrir d'eau. Ajouter les brins de persil et bien assaisonner. Porter à ébullition, baisser le feu à moyen-doux et faire cuire 15 minutes, ou jusqu'à ce que les pommes de terre soient cuites.

~ Pendant ce temps, mettre les moules dans une casserole de taille moyenne, avec un petit peu d'eau. Couvrir et faire cuire à feu vif jusqu'à ce que les coquilles s'ouvrent. Jeter celles qui sont restées fermées et décoquiller les autres. Filtrer le liquide à travers un coton fromage et réserver.

~ Au mélangeur, réduire la préparation aux poireaux en purée. Incorporer la crème et faire refroidir. Ajouter les moules, le liquide de cuisson réservé et le persil haché. Rectifier l'assaisonnement et servir froid.

6 PORTIONS

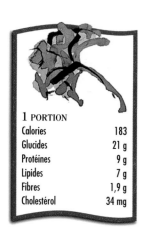

1 PORTION	
Calories	183
Glucides	21 g
Protéines	9 g
Lipides	7 g
Fibres	1,9 g
Cholestérol	34 mg

*NOTE : LA VICHYSSOISE A ÉTÉ CRÉÉE AUX ÉTATS-UNIS PAR UN CHEF FRANÇAIS. CE NOM EST ÉGALEMENT DONNÉ À TOUTES LES SOUPES FROIDES À BASE DE POMMES DE TERRE ET D'UN AUTRE LÉGUME, COMME LA COURGETTE.

Soupe japonaise au miso, à la carpe et aux champignons shiitake

2 litres	eau	8 tasses
175 ml	flocons de bonite séchée	¾ tasse
½	algue kombu	½
350 g	filets de carpe	¾ lb
15 ml	huile de sésame	1 c. à s.
15 ml	huile d'arachide	1 c. à s.
115 g	champignons shiitake, émincés	¼ lb
2	carottes, en julienne	2
30 ml	gingembre haché	2 c. à s.
30 ml	miso*	2 c. à s.
	sel de mer et poivre fraîchement moulu	

~ Dans une grande casserole, porter l'eau à ébullition; ajouter les flocons de bonite et le kombu. Faire bouillir quelques secondes, ou jusqu'à ce que les flocons tombent au fond de la casserole. Filtrer à travers un coton fromage et remettre le liquide dans la casserole.

~ Porter à ébullition, baisser le feu à moyen, puis ajouter les filets de carpe et l'huile de sésame. Faire cuire 15 minutes.

~ Pendant ce temps, faire chauffer l'huile d'arachide dans un poêlon, à feu vif, et y faire sauter les champignons 3 minutes. Ajouter les carottes et le gingembre; faire cuire 2 minutes. Ajouter les légumes et le miso à la soupe. Rectifier l'assaisonnement et servir immédiatement.

6 PORTIONS

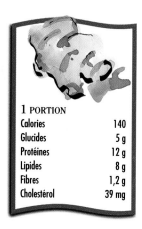

1 PORTION	
Calories	140
Glucides	5 g
Protéines	12 g
Lipides	8 g
Fibres	1,2 g
Cholestérol	39 mg

Ajouter les flocons de bonite et l'algue kombu à l'eau bouillante.

Filtrer à travers un coton fromage.

Ajouter les filets de carpe au liquide de cuisson.

~~~~~~~~~~~~~~~~

*NOTE : LE MISO, UN CONDIMENT TYPIQUE EN CUISINE JAPONAISE, EST FAIT DE FÈVES DE SOYA CUITES, MÉLANGÉES AVEC DU RIZ, DE L'ORGE OU DES GRAINS DE BLÉ, ET DU SEL. LA PÂTE EST ENSUITE FERMENTÉE. LA COULEUR DU MISO VA DU BLANC AU BRUN FONCÉ.

Faire sauter les champignons, les carottes et le gingembre.

Ajouter les légumes à la soupe.

Ajouter le miso à la soupe juste avant de servir.

BOUILLABAISSE* MÉDITERRANÉENNE

125 ml	huile d'olive extra-vierge	½ tasse
2	oignons, hachés	2
2	gousses d'ail, hachées	2
6	tomates, pelées, épépinées et hachées	6
1	blanc de poireau, émincé	1
1	pincée de safran	1
2	brins de thym frais	2
2	brins de persil frais	2
2	feuilles de laurier	2
450 g	écrevisses	1 lb
450 g	vivaneau, en tranches de 2,5 cm (1 po) d'épaisseur	1 lb
1 litre	fumet de poisson	4 tasses
4	rougets, en tranches de 2,5 cm (1 po) d'épaisseur	4
225 g	filets de bar	½ lb
75 ml	persil frais, haché	⅓ tasse
	tranches de pain français, grillées	
	huile d'olive extra-vierge	
	sel et poivre fraîchement moulu	

~ Dans un grand plat, mélanger l'huile d'olive, les oignons, l'ail, les tomates, le poireau, le safran, les brins de thym et de persil et les feuilles de laurier. Ajouter les écrevisses et le vivaneau; poivrer et faire mariner 2 heures au réfrigérateur.

~ Mettre les fruits de mer et la marinade dans une grande casserole; mouiller avec le fumet de poisson et porter à ébullition. Faire cuire 8 minutes à feu moyen-vif. Ajouter le rouget et le bar; poursuivre la cuisson 10 minutes.

~ Rectifier l'assaisonnement et ajouter le persil haché. Servir chaud avec du pain français grillé badigeonné d'huile d'olive.

6 PORTIONS

~~~~~~~~~~~~~~~~~~~~~~~~~~~~

*NOTE : LA BOUILLABAISSE EST UNE SOUPE TYPIQUE DE LA PROVENCE. IL EN EXISTE AUTANT DE VARIANTES QUE DE FAÇONS DE COMBINER DIFFÉRENTS POISSONS, TOUTES ÉTANT AUSSI AUTHENTIQUES LES UNES QUE LES AUTRES.

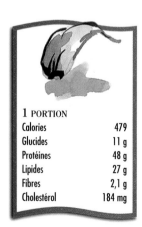

1 PORTION	
Calories	479
Glucides	11 g
Protéines	48 g
Lipides	27 g
Fibres	2,1 g
Cholestérol	184 mg

 EN SOUPE

Soupe indonésienne aux escargots et à la papaye ≈

2	piments forts rouges, épépinés et hachés	2
2	gousses d'ail	2
2	échalotes françaises	2
1	morceau de gingembre frais de 5 cm (2 po), épluché	1
1	morceau de curcuma frais de 5 cm (2 po), épluché	1
15 ml	graines de coriandre	1 c. à s.
30 ml	huile végétale	2 c. à s.
2	grosses tomates, pelées, épépinées et hachées	2
1,25 litre	fumet de poisson	5 tasses
1	tige de citronnelle*, écrasée	1
48	escargots en conserve, lavés et égouttés	48
1	papaye mûre, pelée et en dés	1
30 ml	basilic citronné, haché	2 c. à s.
	sel de mer	

≈ Au mélangeur, réduire en purée les piments forts, l'ail, les échalotes, le gingembre, le curcuma, les graines de coriandre, l'huile végétale et les tomates; réserver.

≈ Verser le fumet de poisson dans une grande casserole; ajouter la citronnelle et porter à ébullition. Baisser le feu à moyen et incorporer la purée épicée. Faire cuire 10 minutes. Ajouter les escargots et poursuivre la cuisson 5 minutes.

≈ Ajouter la papaye et le basilic citronné; faire mijoter 5 minutes. Rectifier l'assaisonnement et servir chaud.

6 PORTIONS

≈≈≈≈≈≈≈≈≈≈≈≈≈≈≈≈

*NOTE : POUR FAIRE RESSORTIR TOUTE LA SAVEUR DE LA CITRONNELLE, ÉCRASER LES TIGES LES PLUS DURES AVANT DE LES UTILISER. LA CITRONNELLE PEUT SE CONSERVER AU RÉFRIGÉRATEUR, ENVELOPPÉE DANS UNE PELLICULE DE PLASTIQUE.

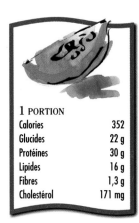

1 PORTION	
Calories	352
Glucides	22 g
Protéines	30 g
Lipides	16 g
Fibres	1,3 g
Cholestérol	171 mg

*NOTE : CHOISIR DES ÉPINARDS CROQUANTS, D'UN VERT FONCÉ. POUR LES CONSERVER, LES LAVER ET BIEN LES ASSÉCHER, PUIS LES PLACER ENTRE DEUX PAPIERS ESSUIE-TOUT DANS UN SAC DE PLASTIQUE, AU RÉFRIGÉRATEUR.

VELOUTÉ AUX HUÎTRES ET AUX ÉPINARDS

34	huîtres, lavées	34
45 ml	beurre	3 c. à s.
1	oignon, haché finement	1
1	gousse d'ail, hachée finement	1
1 ml	paprika	¼ c. à t.
1 ml	piment de Cayenne	¼ c. à t.
45 ml	farine tout usage	3 c. à s.
225 g	épinards frais*, lavés et hachés	½ lb
250 ml	crème 15 %	1 tasse
	poivre fraîchement moulu	

~ Ouvrir les huîtres et les retirer soigneusement des écailles; réserver les huîtres et le liquide séparément. Dans une casserole à fond épais, faire fondre le beurre à feu moyen. Y faire sauter l'oignon 4 minutes. Ajouter l'ail, le paprika et le piment de Cayenne; faire cuire 2 minutes.

~ Ajouter la farine et bien remuer avec une cuillère de bois; poursuivre la cuisson 2 minutes. Baisser le feu à doux. Mesurer l'eau des huîtres et y ajouter de l'eau pour obtenir 750 ml (3 tasses) de liquide; verser dans la casserole et faire mijoter 3 minutes.

~ Ajouter les épinards et la crème. Poursuivre la cuisson à feu doux environ 3 minutes, ou jusqu'à ce que les épinards soient cuits. Ajouter les huîtres réservées; rectifier l'assaisonnement et servir très chaud.

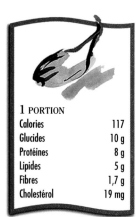

1 PORTION	
Calories	117
Glucides	10 g
Protéines	8 g
Lipides	5 g
Fibres	1,7 g
Cholestérol	19 mg

6 PORTIONS

CHAUDRÉE DE PALOURDES DE LA NOUVELLE-ANGLETERRE*

36	palourdes de taille moyenne, fraîches	36
30 ml	beurre	2 c. à s.
1	oignon, en dés	1
30 ml	farine	2 c. à s.
1 litre	fumet de poisson	4 tasses
3	pommes de terre, pelées et en dés	3
1	poivron vert, haché	1
2	oignons verts, hachés	2
250 ml	crème légère	1 tasse
30 ml	persil frais, haché	2 c. à s.
	sel et poivre fraîchement moulu	

≈ Laver les palourdes et les mettre dans une grande casserole avec un peu d'eau. Faire cuire à feu moyen jusqu'à ce que les coquilles s'ouvrent. Jeter celles qui sont restées fermées et décoquiller les autres. Les réserver ainsi que le liquide de cuisson.

≈ Dans la même casserole, faire fondre le beurre. Y faire sauter l'oignon 2 minutes, à feu moyen. Saupoudrer de farine et bien mélanger; poursuivre la cuisson 1 minute. Mouiller avec le fumet de poisson et le liquide de cuisson des palourdes réservé. Porter à ébullition, saler et poivrer; ajouter les pommes de terre. Faire cuire à feu moyen 12 minutes, ou jusqu'à ce que les pommes de terre soient cuites.

≈ Ajouter les palourdes, le poivron et les oignons verts; faire cuire 5 minutes. Ajouter la crème et le persil haché; faire mijoter 3 minutes et servir.

6 PORTIONS

*NOTE : IL EXISTE DEUX PRINCIPALES VERSIONS DE LA CHAUDRÉE DE PALOURDES : CELLE DE LA NOUVELLE-ANGLETERRE ET CELLE DE MANHATTAN, DANS LAQUELLE ON REMPLACE LA CRÈME PAR DES TOMATES BROYÉES.

1 PORTION	
Calories	251
Glucides	18 g
Protéines	20 g
Lipides	11 g
Fibres	1,5 g
Cholestérol	48 mg

BISQUE DE HOMARD

900 g	homards vivants*	2 lb
30 ml	beurre	2 c. à s.
1	carotte, en dés	1
1	oignon, en dés	1
2	branches de céleri, en dés	2
1	blanc de poireau, émincé	1
15 ml	cognac	1 c. à s.
60 ml	vin blanc sec	4 c. à s.
1,5 litre	fumet de poisson	6 tasses
30 ml	pâte de tomate	2 c. à s.
2	tomates fraîches, coupées en 8	2
2	gousses d'ail, coupées en 2	2
2	brins de thym frais	2
2	brins de persil frais	2
	crème 35 %, au goût	
	sel et poivre fraîchement moulu	

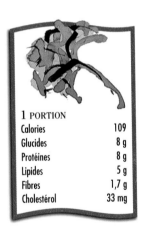

1 PORTION	
Calories	109
Glucides	8 g
Protéines	8 g
Lipides	5 g
Fibres	1,7 g
Cholestérol	33 mg

∾ Avec un couteau de cuisine «chef», détailler les homards en morceaux. Réserver les pinces et la queue.

∾ Dans une casserole à fond épais, faire fondre le beurre à feu vif; y faire sauter les morceaux de homard 2 minutes. Ajouter la carotte, l'oignon, le céleri et le poireau; faire cuire 5 minutes en remuant constamment. Ajouter le cognac et le vin blanc; faire cuire à feu moyen jusqu'à ce que la sauce épaississe légèrement.

∾ Ajouter le fumet de poisson, la pâte de tomate, les tomates, l'ail, le thym et le persil. Saler et poivrer; porter à ébullition. Couvrir et faire cuire environ 45 minutes, à feu moyen.

∾ Réduire en purée au mélangeur et filtrer à travers une passoire très fine. Couper en petits morceaux la chair des pinces et des queues des homards, et l'utiliser pour garnir.

∾ Rectifier l'assaisonnement, ajouter la crème et servir très chaud.

6 PORTIONS

Faire sauter le homard dans le beurre fondu, à feu vif.

Ajouter la carotte, l'oignon, le céleri et le poireau.

Ajouter le cognac et le vin blanc.

*NOTE : ACHETER LE HOMARD DANS UNE BONNE POISSONNERIE. MOINS LONGTEMPS IL RESTE DANS LE VIVIER, PLUS SA CHAIR EST SAVOUREUSE.

Ajouter le fumet de poisson, la pâte de tomate, les tomates, l'ail, le thym et le persil.

Réduire en purée au mélangeur.

Filtrer à travers une passoire très fine.

SOUPE DE SINGAPOUR À LA CRÈME DE NOIX DE COCO ≈

1	vivaneau d'environ 450 g (1 lb)	1
4	échalotes françaises	4
4	gousses d'ail	4
1	morceau de gingembre de 5 cm (2 po), haché grossièrement	1
2	piments forts rouges, épépinés	2
30 ml	poudre de curry	2 c. à s.
30 ml	huile végétale	2 c. à s.
400 ml	crème de noix de coco	1⅔ tasse
400 ml	fumet de poisson	1⅔ tasse
225 g	crevettes fraîches*, décortiquées et déveinées	½ lb
250 ml	fèves germées	1 tasse
60 ml	coriandre fraîche, hachée	4 c. à s.
	sel de mer	

≈ Bien nettoyer le poisson et le trancher en darnes d'environ 2,5 cm (1 po) d'épaisseur. Utiliser la tête et la queue pour préparer le fumet de poisson.

≈ Au mélangeur, réduire en purée les échalotes, l'ail, le gingembre, les piments forts, le curry, l'huile végétale et 125 ml (½ tasse) de crème de coco.

≈ Dans une casserole de taille moyenne, mélanger le reste de la crème de coco avec le fumet de poisson et la purée épicée. Faire cuire à feu moyen. Saler les darnes de poisson et les mettre dans la casserole ; faire cuire 10 minutes. Ajouter les crevettes et les fèves germées ; poursuivre la cuisson 5 minutes.

≈ Ajouter la coriandre, rectifier l'assaisonnement et servir très chaud.

6 PORTIONS

≈≈≈≈≈≈≈≈≈≈≈≈≈≈≈≈≈≈≈≈≈≈≈

*NOTE : LES CREVETTES FRAÎCHES DÉGAGENT L'ODEUR DE LA MER, ET NON CELLE DE L'AMMONIAQUE. LAVÉES ET BIEN ÉGOUTTÉES, ELLES SE CONSERVERONT JUSQU'À 2 JOURS AU RÉFRIGÉRATEUR.

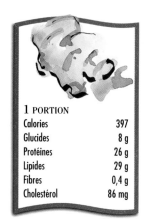

1 PORTION	
Calories	397
Glucides	8 g
Protéines	26 g
Lipides	29 g
Fibres	0,4 g
Cholestérol	86 mg

CRUS, FUMÉS ET MARINÉS

Que dire d'un plat à base de poisson mariné ou encore cuit au jus de citron ou délicieusement fumé? De tels régals peuvent en surprendre plus d'un!

Pour ceux qui n'ont pas encore osé y goûter, les recettes qui suivent sauront les persuader de franchir cette étape. Quant aux autres, un simple coup d'œil aux photos leur mettra l'eau à la bouche! De plus, sushis et sashimis n'auront plus de secret pour personne.

CARPACCIO* DE PÉTONCLES AUX ARTICHAUTS ET AUX COURGETTES

2	courgettes, émincées	2
4	cœurs d'artichaut, émincés	4
30 ml	tomates séchées, hachées	2 c. à s.
15 ml	thym frais, haché	1 c. à s.
16	pétoncles frais	16
30 ml	huile d'olive extra-vierge	2 c. à s.
15 ml	vinaigre balsamique	1 c. à s.
	jus de 1 citron	
	sel de mer et poivre fraîchement moulu	

∼ Blanchir les courgettes, bien les égoutter et les mettre dans un bol. Ajouter les cœurs d'artichaut, les tomates séchées et le thym ; assaisonner et bien mélanger. Réserver.

∼ Couper les pétoncles en tranches très minces et les disposer sur le pourtour de chaque assiette. Arroser d'huile d'olive, de vinaigre balsamique et de jus de citron ; saler et poivrer. Dresser la salade d'artichauts et de courgettes au centre de chaque assiette. Servir immédiatement.

4 PORTIONS

*NOTE : LE CARPACCIO EST UN HORS-D'ŒUVRE ITALIEN COMPOSÉ DE TRANCHES DE BŒUF CRU ARROSÉES DE VINAIGRETTE À L'HUILE D'OLIVE ET SERVIES AVEC DE L'OIGNON TRANCHÉ FINEMENT.

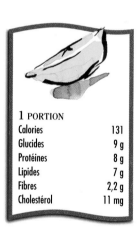

1 PORTION	
Calories	131
Glucides	9 g
Protéines	8 g
Lipides	7 g
Fibres	2,2 g
Cholestérol	11 mg

*NOTE : LE GRAVLAX, OU SAUMON MARINÉ À LA SUÉDOISE, ARROSÉ D'HUILE D'OLIVE, PEUT SE CONGELER DANS UN CONTENANT HERMÉTIQUE.

GRAVLAX

1	filet de saumon frais de 1,4 kg (3 lb), avec la peau	1
60 ml	gros sel	4 c. à s.
45 ml	sucre	3 c. à s.
30 ml	poivre concassé	2 c. à s.
250 ml	d'aneth frais, haché	1 tasse
1	concombre, en fines rondelles	1
1	citron, détaillé en rondelles, puis en petites pointes	1
8	tranches de pain de seigle	8

⁓ Retirer soigneusement les arêtes du saumon.

⁓ Mélanger le sel, le sucre et le poivre; en saupoudrer le saumon, puis le couvrir d'aneth. Placer le filet dans un grand plat et recouvrir de papier d'aluminium. Placer des poids sur le saumon pour l'écraser, et laisser au réfrigérateur jusqu'à 3 jours, en retournant le filet toutes les 12 heures.

⁓ Trancher et servir sur de petits canapés de pain de seigle avec des rondelles de concombre. Garnir de citron.

4 PORTIONS

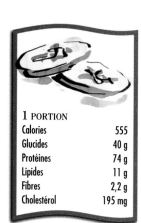

1 PORTION	
Calories	555
Glucides	40 g
Protéines	74 g
Lipides	11 g
Fibres	2,2 g
Cholestérol	195 mg

TARAMASALATA

225 g	œufs de morue, fumés	½ lb
2	gousses d'ail, hachées	2
5	tranches de pain blanc, écroûtées	5
250 ml	lait	1 tasse
250 ml	huile d'olive	1 tasse
60 ml	jus de citron frais	4 c. à s.
30 ml	vinaigre de vin	2 c. à s.
	pain grillé	
	olives de Calamata	
	poivre fraîchement moulu	

Écraser les œufs de poisson; y ajouter l'ail. Faire tremper la mie de pain dans le lait, puis bien la presser pour en retirer le surplus de liquide. Ajouter la mie aux œufs de poisson et bien mélanger.

Au fouet, incorporer graduellement l'huile d'olive et battre jusqu'à ce que le mélange devienne épais. Ajouter le jus de citron, le vinaigre et le poivre au goût; bien mélanger. Réfrigérer et servir froid avec du pain grillé et des olives de Calamata.

4 PORTIONS

*NOTE : LE TARAMASALATA EST UNE SPÉCIALITÉ GRECQUE SOUVENT SERVIE AVEC DU PAIN, EN HORS-D'ŒUVRE.

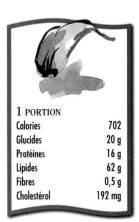

1 PORTION	
Calories	702
Glucides	20 g
Protéines	16 g
Lipides	62 g
Fibres	0,5 g
Cholestérol	192 mg

RIZ À SUSHIS

500 ml	riz à sushis à grains courts	2 tasses
550 ml	eau	2¼ tasses
1	carré d'algue kombu de 7,5 cm (3 po) de côté	1
60 ml	saké ou mirin (vin de riz)	4 c. à s.
60 ml	vinaigre de riz	4 c. à s.
30 ml	sucre	2 c. à s.
10 ml	sel de mer	2 c. à t.

∼ Rincer le riz à l'eau courante froide pendant 20 minutes. Bien égoutter et placer dans une casserole à fond épais; ajouter l'eau, le kombu et le saké. Porter à ébullition, retirer le kombu et baisser le feu à doux. Couvrir et faire cuire environ 15 minutes, ou jusqu'à ce que tout le liquide soit absorbé. Ne pas remuer pendant la cuisson.

∼ Retirer la casserole du feu et laisser refroidir 15 minutes. Avec une cuillère de bois, remuer doucement le riz. Couvrir d'une serviette et laisser reposer 10 minutes.

∼ Mélanger le vinaigre, le sucre et le sel; verser sur le riz. Remuer doucement le riz jusqu'à ce qu'il atteigne la température ambiante. Couvrir d'une serviette humide et réserver à la température ambiante jusqu'au moment de l'utiliser.

ENVIRON 1 LITRE (4 TASSES) DE RIZ CUIT

MAKI-SUSHIS

4	feuilles d'algues nori*	4
250 ml	riz à sushis, cuit (voir la recette ci-dessus)	1 tasse
45 g	saumon frais	1½ oz
75 g	thon frais	2½ oz
75 g	chair de crabe fraîche	2½ oz
	avocat, oignon vert, concombre, poivrons rouge et jaune	
	sauce soya	
	lamelles de gingembre mariné	
	wasabi (voir Note, p. 62)	

∼ Utiliser une feuille d'algue entière ou ½ feuille, selon la grosseur de rouleau désirée. Placer la feuille sur un *makisu* (tapis de bambou). Humecter le bout des doigts et étaler le riz sur la feuille, jusqu'à 2,5 cm (1 po) des extrémités les plus longues.

∼ Placer au centre la garniture désirée et façonner en rouleau à l'aide du *makisu*. Bien appuyer pour sceller. Trancher les rouleaux avec un couteau mouillé; servir avec de la sauce soya, du gingembre mariné et du wasabi.

4 PORTIONS

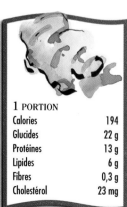

1 PORTION	
Calories	194
Glucides	22 g
Protéines	13 g
Lipides	6 g
Fibres	0,3 g
Cholestérol	23 mg

*NOTE : L'ALGUE NORI EST RICHE EN CALCIUM, EN PHOSPHORE, EN FER, EN IODE ET EN VITAMINE A. ELLE EST COMPRIMÉE EN FEUILLES TACHETÉES, DONT LA COULEUR VA DU BRUN AU VERT FONCÉ.

Étaler le riz sur la feuille d'algue.

Placer les garnitures au centre; enrouler à l'aide du «makisu».

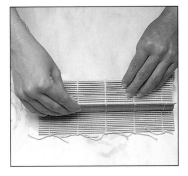

Appuyer pour sceller le rouleau.

NIGIRI-SUSHIS

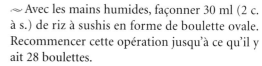

625 ml	riz à sushis, cuit (voir p. 60)	2½ tasses
1	feuille d'algue nori	1
60 ml	œufs de saumon	4 c. à s.
8	grosses crevettes, cuites	8
150 g	thon rouge frais, en 8 lanières	⅓ lb
150 g	bonite fraîche, en 8 lanières	⅓ lb
1	oignon vert, émincé	1
15 ml	wasabi* en poudre	1 c. à s.
	lamelles de gingembre mariné	
	sauce soya	
	germes de radis noir	

≈ Avec les mains humides, façonner 30 ml (2 c. à s.) de riz à sushis en forme de boulette ovale. Recommencer cette opération jusqu'à ce qu'il y ait 28 boulettes.

≈ Tailler la feuille de nori en rectangles de 2,5 cm sur 17,5 cm (1 po sur 7 po). Rouler chaque rectangle autour d'une boulette de riz, de sorte que l'algue soit légèrement plus haute afin de pouvoir déposer dessus 15 ml (1 c. à s.) d'œufs de saumon.

≈ Sur chacune des boulettes de riz qui restent, placer une lanière de poisson ou 1 crevette. Appuyer doucement pour que le poisson reste en place. Garnir d'oignon vert.

≈ Mélanger le wasabi en poudre avec assez d'eau chaude pour obtenir une pâte épaisse. Servir les nigiri-sushis avec la pâte de wasabi, les lamelles de gingembre mariné et la sauce soya. Accompagner de germes de radis noir.

4 PORTIONS

*NOTE : LE WASABI EST UNE RACINE DE LA FAMILLE DU RAIFORT. IL A UNE SAVEUR TRÈS PRONONCÉE ET EST SERVI AVEC LES SUSHIS ET LES SASHIMIS. SÉCHÉ ET MOULU, IL EST VENDU EN POUDRE OU EN PÂTE. ON NE LE TROUVE FRAIS QU'AU JAPON.

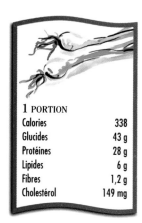

1 PORTION	
Calories	338
Glucides	43 g
Protéines	28 g
Lipides	6 g
Fibres	1,2 g
Cholestérol	149 mg

CEVICHE À LA CORIANDRE

450 g	filets d'aiglefin	1 lb
75 ml	jus de lime frais	⅓ tasse
150 ml	huile d'olive	⅔ tasse
1	piment rouge fort, épépiné et haché finement	1
1	oignon espagnol, émincé	1
1	gousse d'ail, hachée finement	1
30 ml	coriandre fraîche*, hachée	2 c. à s.
1	poivron vert, émincé	1
12	tomates cerises, en quartiers	12
	sel de mer et poivre fraîchement moulu	
	croustilles de maïs	

～ Trancher le poisson contre le grain, en fines lanières; placer dans un plat. Arroser du jus de lime, saler et poivrer; faire mariner 15 minutes.

～ Dans un bol, mélanger l'huile d'olive, le piment fort, l'oignon, l'ail et la coriandre. Verser sur le poisson. Garnir de poivron vert et de tomates cerises; servir immédiatement avec des croustilles de maïs.

4 PORTIONS

*NOTE : POUR CONSERVER LA CORIANDRE FRAÎCHE LE PLUS LONGTEMPS POSSIBLE, DISPOSER LES TIGES À LA VERTICALE DANS UN CONTENANT AVEC UN PEU D'EAU, COUVRIR D'UN SAC DE PLASTIQUE ET RÉFRIGÉRER.

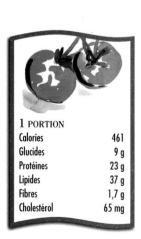

1 PORTION	
Calories	461
Glucides	9 g
Protéines	23 g
Lipides	37 g
Fibres	1,7 g
Cholestérol	65 mg

CRUS, FUMÉS ET MARINÉS

*NOTE : LES POIVRONS RÔTIS PEUVENT SE CONSERVER JUSQU'À 2 SEMAINES AU RÉFRIGÉRATEUR S'ILS SONT RECOUVERTS D'HUILE D'OLIVE (AROMATISÉE À L'AIL, AUX FEUILLES DE LAURIER OU À D'AUTRES FINES HERBES).

CARPACCIO DE THON AUX POIVRONS RÔTIS*

1	poivron vert, en moitiés	1
1	poivron jaune, en moitiés	1
15 ml	huile d'olive	1 c. à s.
450 g	thon frais, tranché finement	1 lb
45 ml	huile d'olive extra-vierge	3 c. à s.
30 ml	ciboulette fraîche, hachée	2 c. à s.
30 ml	pâte d'olives noires	2 c. à s.
	jus de ½ citron	
	jus de ½ lime	
	lamelles de parmesan	
	sel de mer et poivre fraîchement moulu	
	cerfeuil frais, pour garnir	

～ Préchauffer le four à 200 °C (400 °F).

～ Placer les moitiés de poivrons sur une plaque à pâtisserie, le côté coupé dessous. Badigeonner d'huile d'olive et faire cuire 15 minutes au four. Laisser refroidir dans un bol couvert d'une pellicule de plastique; éplucher. Couper chaque moitié en deux.

～ Placer un morceau de poivron vert et un morceau de poivron jaune au centre de chaque assiette, puis les entourer de trois tranches de thon. Arroser d'huile d'olive, des jus de citron et de lime. Saler et poivrer. Parsemer de ciboulette fraîche; garnir de pâte d'olives, de lamelles de parmesan et d'un brin de cerfeuil.

4 PORTIONS

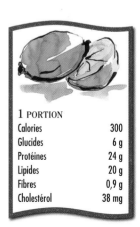

1 PORTION	
Calories	300
Glucides	6 g
Protéines	24 g
Lipides	20 g
Fibres	0,9 g
Cholestérol	38 mg

Vivaneau fumé au thé*, à la mode de Singapour

500 ml	eau glacée	2 tasses
60 ml	sauce soya	4 c. à s.
30 ml	cassonade	2 c. à s.
1 ml	sel	¼ c. à t.
75 ml	gingembre frais, haché finement	⅓ tasse
2	filets de vivaneau d'environ 225 g (½ lb) chacun	2
60 ml	thé noir chinois	4 c. à s.
4	étoiles d'anis, écrasées	4
2	bâtons de cannelle, écrasés	2
50 ml	riz non cuit	¼ tasse
4	gousses d'ail, en moitiés	4
4	capsules de cardamome	4
30 ml	graines de coriandre	2 c. à s.

∼ Dans un plat, mélanger l'eau, la sauce soya, la cassonade, le sel et le gingembre. Y faire mariner le poisson pendant 3 heures. Retirer le poisson, l'égoutter et l'assécher avec des essuie-tout; réserver.

∼ Dans un wok, à feu moyen-doux, mélanger le thé, l'anis étoilé, la cannelle, le riz, l'ail, la cardamome et la coriandre. Placer le poisson sur une grille ou sur une étuveuse de bambou, dans le wok, à environ 5 cm (2 po) au-dessus du mélange de fumage.

∼ Couvrir le wok et fumer le poisson 40 minutes, ou jusqu'il soit brun pâle. Laisser refroidir et servir.

4 PORTIONS

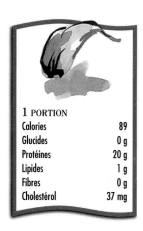

1 PORTION	
Calories	89
Glucides	0 g
Protéines	20 g
Lipides	1 g
Fibres	0 g
Cholestérol	37 mg

Mélanger l'eau, la sauce soya, la cassonade, le sel et le gingembre.

Placer le poisson dans la marinade.

Assécher le poisson avec des essuie-tout.

*NOTE : LE FUMAGE D'ALIMENTS AVEC DU THÉ EST UNE TECHNIQUE TRÈS POPULAIRE À SINGAPOUR ET EN CHINE.

Dans un wok, mélanger le thé, l'anis étoilé, la cannelle, le riz, l'ail, la cardamome et la coriandre.

Placer le poisson sur une grille, dans le wok.

Couvrir le wok et fumer le poisson.

CRUS, FUMÉS ET MARINÉS

*NOTE : IL EXISTE 2 TECHNIQUES POUR FUMER LE SAUMON. LE FUMAGE À CHAUD, OÙ LE POISSON EST EXPOSÉ À DE L'AIR CHAUD PROVENANT D'UN FEU VIF, PUIS PLACÉ DE 6 À 12 HEURES DANS LA FUMÉE ÉPAISSE D'UN FEU COUVERT DE BRAN DE SCIE. LE FUMAGE À FROID, OÙ LE POISSON EST EXPOSÉ À LA FUMÉE D'UN FEU À COMBUSTION LENTE, DE 1 À 3 SEMAINES, SELON SA GROSSEUR.

CANAPÉS À LA MOUSSE DE SAUMON FUMÉ

175 g	saumon fumé*	6 oz
250 ml	crème 35 %	1 tasse
30 ml	ciboulette fraîche, hachée	2 c. à s.
	sel et poivre fraîchement moulu	
	poivron rouge, haché	
	ciboulette fraîche, hachée	
	câpres	
	craquelins	

≈ Au mélangeur, réduire le saumon fumé en purée; incorporer la crème. Verser dans un bol, ajouter la ciboulette et assaisonner au goût.

≈ Mettre la mousse dans une poche à douille et en décorer les craquelins. Garnir de poivron rouge, de ciboulette et de câpres. Servir immédiatement.

4 PORTIONS

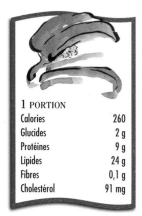

1 PORTION	
Calories	260
Glucides	2 g
Protéines	9 g
Lipides	24 g
Fibres	0,1 g
Cholestérol	91 mg

TARTARE DE SAUMON, PÉTONCLES ET CERFEUIL

2	échalotes françaises, hachées finement	2
5 ml	moutarde forte	1 c. à t.
15 ml	jus de lime*	1 c. à s.
45 ml	huile d'olive	3 c. à s.
300 g	saumon frais	⅔ lb
225 g	pétoncles frais	½ lb
45 ml	cerfeuil frais, haché	3 c. à s.
½	poivron rouge, en petits dés	½
½	poivron jaune, en petits dés	½
30 ml	huile au basilic (voir p. 252)	2 c. à s.
	sel et poivre fraîchement moulu	
	cerfeuil frais, pour garnir	

≈ Pour préparer la vinaigrette, mélanger les échalotes et la moutarde. Ajouter le jus de lime, saler et poivrer. Incorporer graduellement l'huile au fouet.

≈ Couper le saumon et les pétoncles en petits dés; arroser de vinaigrette et bien mélanger. Ajouter le cerfeuil haché, rectifier l'assaisonnement et répartir entre les assiettes. Disposer les poivrons autour du tartare, arroser d'huile au basilic et garnir de cerfeuil frais. Servir immédiatement.

4 PORTIONS

*NOTE : C'EST L'ACIDE CITRIQUE CONTENU DANS LE JUS DE LIME QUI FAIT «CUIRE» LE POISSON.

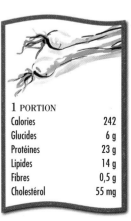

1 PORTION	
Calories	242
Glucides	6 g
Protéines	23 g
Lipides	14 g
Fibres	0,5 g
Cholestérol	55 mg

BLINIS*, SAUMON FUMÉ ET CRÈME POIVRÉE

15 ml	levure sèche active	1 c. à s.
5 ml	sucre	1 c. à t.
500 ml	lait chaud	2 tasses
250 ml	farine de sarrasin	1 tasse
250 ml	farine tout usage	1 tasse
5 ml	sel	1 c. à t.
2	œufs	2
60 ml	crème sure	4 c. à s.
250 ml	yogourt nature	1 tasse
15 ml	beurre	1 c. à s.
450 g	saumon fumé	1 lb
30 ml	œufs de saumon	2 c. à s.
30 ml	œufs de lump	2 c. à s.
	brins d'aneth frais	
	poivre fraîchement moulu	

~ Dans un petit bol, mélanger la levure, le sucre et 50 ml (¼ tasse) de lait chaud. Couvrir et laisser reposer environ 10 minutes, ou jusqu'à ce que la levure mousse.

~ Dans un grand bol, mélanger les farines et le sel. Bien incorporer le reste du lait chaud, le mélange à la levure et les œufs. Laisser reposer environ 15 minutes dans un endroit chaud. Pendant ce temps, mélanger la crème sure et le yogourt; poivrer et réserver.

~ Pour chaque blini, dans un poêlon, faire chauffer le beurre à feu moyen. Y verser 50 ml (¼ tasse) de pâte à crêpes et faire cuire jusqu'à ce que des bulles apparaissent à la surface. Retourner le blini et faire cuire jusqu'à ce qu'il soit doré.

~ Pour servir, placer un blini au centre de chaque assiette; garnir de saumon fumé et d'une cuillerée du mélange au yogourt. Recouvrir d'un deuxième blini. Servir avec les œufs de saumon et de lump et garnir d'un brin d'aneth frais.

4 PORTIONS

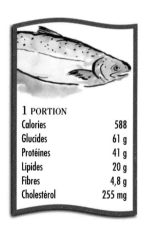

1 PORTION	
Calories	588
Glucides	61 g
Protéines	41 g
Lipides	20 g
Fibres	4,8 g
Cholestérol	255 mg

Mélanger la levure, le sucre et 50 ml (¼ tasse) de lait chaud.

Ajouter au mélange de farines et de sel le reste du lait chaud, le mélange à la levure et les œufs.

Faire cuire jusqu'à ce que des bulles apparaissent à la surface.

~~~~~~~~~~~~~~~~~~~~

*NOTE : POUR ÉVITER QUE
LES BLINIS COLLENT LES UNS
AUX AUTRES, INTERCALER
UNE FEUILLE DE PAPIER CIRÉ
ENTRE CHACUN.

*Garnir chaque blini de saumon
fumé.*

*Ajouter une cuillerée du
mélange au yogourt.*

Recouvrir d'un deuxième blini.

SASHIMIS

150 g	daïkon (radis blanc japonais), en julienne	⅓ lb
150 g	carottes, en julienne	⅓ lb
15 ml	wasabi en poudre (voir Note, p. 62)	1 c. à s.
225 g	filet de thon, en 12 morceaux	½ lb
225 g	filet de saumon, en 12 morceaux	½ lb
225 g	filet de maquereau, en 12 morceaux	½ lb
	feuilles de laitue	
	lamelles de gingembre mariné*	
	sauce soya	

∿ Faire tremper le daïkon et les carottes dans de l'eau très froide, pendant 1 heure.

∿ Mélanger le wasabi en poudre avec assez d'eau chaude pour obtenir une pâte.

∿ Placer 3 morceaux de chaque sorte de poisson dans chacune des assiettes. Bien égoutter le daïkon et les carottes; disposer dans chaque assiette, avec la laitue. Servir avec la pâte de wasabi, le gingembre mariné et la sauce soya.

4 PORTIONS

*NOTE : LE GINGEMBRE MARINÉ AU VINAIGRE EST LE CONDIMENT JAPONAIS ESSENTIEL AUX SUSHIS. ON LE MANGE ENTRE LES BOUCHÉES, POUR NETTOYER LE PALAIS ET RAFRAÎCHIR L'HALEINE. CET ALIMENT A ÉGALEMENT CERTAINES PROPRIÉTÉS ANTIBIOTIQUES.

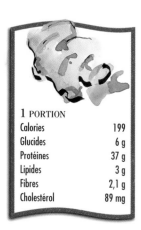

1 PORTION	
Calories	199
Glucides	6 g
Protéines	37 g
Lipides	3 g
Fibres	2,1 g
Cholestérol	89 mg

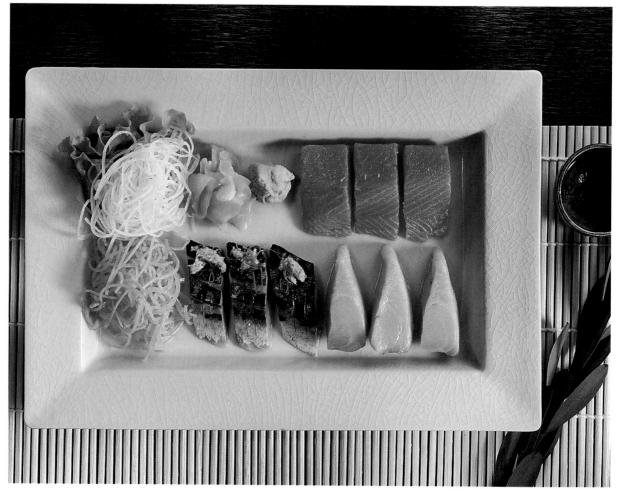

*NOTE : L'EXPRESSION «À LA FLORENTINE» SERT À DÉCRIRE DE NOMBREUX PLATS DE POISSON, DE VIANDE BLANCHE ET D'ŒUFS PRÉPARÉS AVEC DES ÉPINARDS ET, TRÈS SOUVENT, DE LA SAUCE MORNAY.

SAUMON FUMÉ À LA FLORENTINE*

225 g	épinards frais	½ lb
16	tranches de saumon fumé	16
1	recette de mousse de saumon fumé (voir p. 68)	1
1	oignon rouge, haché finement	1
	jus de 1 citron	
	poivre fraîchement moulu	
	câpres	
	huile d'olive extra-vierge	

Retirer les tiges des épinards et laver les feuilles; mettre dans une casserole avec un peu d'eau, couvrir et faire cuire environ 2 minutes. Bien égoutter et laisser refroidir.

Sur une planche à découper, disposer 4 tranches de saumon de façon qu'elles se chevauchent légèrement. Étaler de la mousse de saumon sur chacune et recouvrir d'épinards.

Rouler les tranches pour obtenir un cylindre et bien serrer pour qu'il conserve sa forme. Répéter avec le reste des tranches pour obtenir 4 cylindres. Réfrigérer 1 heure. Avec un couteau bien aiguisé, trancher les rouleaux.

Poivrer, arroser de jus de citron et servir avec l'oignon rouge haché, les câpres et l'huile d'olive.

4 PORTIONS

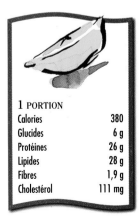

1 PORTION	
Calories	380
Glucides	6 g
Protéines	26 g
Lipides	28 g
Fibres	1,9 g
Cholestérol	111 mg

EN $\mathcal{F}$RITURE

Les poissons et les fruits de mer frits constituent

indéniablement un mets de choix, surtout lorsqu'ils

sont enrobés d'une pâte délicate qui s'harmonise avec

leur chair délectable. Plongés dans un bain d'huile

bouillante, ils cuisent alors rapidement, ce qui leur

permet de conserver toute leur saveur.

Les prochaines recettes plairont à tous

les gourmands, petits et grands, qui prendront

plaisir à mordre à belles dents dans ces délices

croustillants et dorés à souhait!

Tempura* de crevettes, poissons et légumes ~

2	**œufs**	2
425 ml	**eau froide**	1¾ tasse
1 ml	**sel**	¼ c. à t.
500 ml	**farine tout usage**	2 tasses
225 g	**filet de turbot, en lanières**	½ lb
225 g	**filet de bonite, en lanières**	½ lb
8	**grosses crevettes, décortiquées et déveinées**	8
2	**carottes, tranchées en biais**	2
1	**courgette, tranchée en biais**	1
8	**haricots verts plats, coupés en 3**	8
	sauce soya et sauce dashi (voir p. 252), à parts égales	
	huile d'arachide, pour grande friture	
	sel et poivre fraîchement moulu	

~ Dans une friteuse, préchauffer l'huile à 170 °C (340 °F).

~ Battre les œufs et ajouter l'eau froide en remuant avec des baguettes. Ajouter le sel, puis la farine, graduellement. Ne pas trop remuer, car la pâte deviendra collante.

~ Rincer les lanières de poisson et les assécher avec des essuie-tout; bien assaisonner. Tremper les lanières dans la pâte et faire frire dans l'huile chaude. Poursuivre avec les crevettes, les carottes, la courgette et les haricots. Les morceaux sont prêts lorsqu'ils remontent à la surface et sont légèrement dorés.

~ Les retirer délicatement et les égoutter sur des essuie-tout. Servir avec un mélange de sauce soya et de sauce dashi.

4 PORTIONS

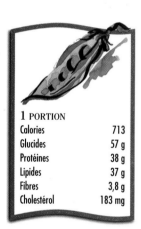

1 PORTION	
Calories	713
Glucides	57 g
Protéines	38 g
Lipides	37 g
Fibres	3,8 g
Cholestérol	183 mg

~~~~~~~~~~~~~~~

*NOTE : LA TEMPURA EST UNE TECHNIQUE JAPONAISE POUR FAIRE FRIRE LE POISSON ET LES LÉGUMES. SI LES MORCEAUX REMONTENT IMMÉDIATEMENT À LA SURFACE, L'HUILE EST TROP CHAUDE. S'ILS RESTENT AU FOND, ELLE NE L'EST PAS ASSEZ.

En remuant avec des baguettes, incorporer l'eau aux œufs battus.

Incorporer la farine graduellement.

Tremper le poisson, les crevettes et les légumes dans la pâte.

EN FRITURE

BEIGNETS DE CREVETTES À LA CORIANDRE

225 g	crevettes, décortiquées et déveinées	½ lb
250 ml	farine tout usage	1 tasse
60 ml	coriandre fraîche, hachée	4 c. à s.
3	gousses d'ail, hachées	3
30 ml	gingembre haché	2 c. à s.
1	œuf*	1
175 ml	crème de coco	¾ tasse
	sel et poivre fraîchement moulu	
	huile d'arachide, pour grande friture	
	sauce soya	
	germes de luzerne	

⁓ Dans une friteuse, préchauffer l'huile d'arachide à 180 °C (350 °F).

⁓ Hacher finement les crevettes et les placer dans un bol. Ajouter la farine, la coriandre, l'ail et le gingembre ; bien mélanger. Battre l'œuf et y ajouter la crème de coco. Verser dans le mélange aux crevettes ; assaisonner et bien incorporer.

⁓ Faire frire des cuillerées du mélange dans l'huile chaude pendant environ 5 minutes, ou jusqu'à ce que les fritures soient dorées et gonflées.

⁓ Bien égoutter ; servir avec de la sauce soya et des germes de luzerne.

4 PORTIONS

*NOTE : COMME LES ŒUFS ABSORBENT LES ODEURS, IL EST IMPORTANT DE LES CONSERVER AU RÉFRIGÉRATEUR DANS UN CONTENANT DE CARTON OU DE PLASTIQUE.

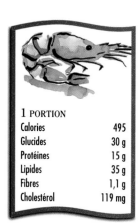

1 PORTION	
Calories	495
Glucides	30 g
Protéines	15 g
Lipides	35 g
Fibres	1,1 g
Cholestérol	119 mg

*NOTE : CONSERVER LES CRABES VIVANTS DANS UN SAC DE PAPIER, AU RÉFRIGÉRATEUR OU DANS UNE GLACIÈRE. ILS MOURRONT S'ILS SONT COUVERTS D'EAU OU PLACÉS SUR DE LA GLACE. LES FAIRE CUIRE DANS LES 24 HEURES.

CRABES BLEUS PANÉS EN FRITURE

8	crabes bleus à carapace molle*, vivants	8
250 ml	chapelure	1 tasse
125 ml	semoule de maïs	½ tasse
2	œufs, battus	2
45 ml	crème 35 %	3 c. à s.
	huile d'arachide, pour grande friture	
	quartiers de citron	
	sel	

≈ Faire cuire les crabes dans de l'eau bouillante salée 3 minutes, jusqu'à ce qu'ils deviennent roses. Les retirer, les égoutter et les assécher avec des essuie-tout.

≈ Dans une friteuse, préchauffer l'huile à 170 °C (340 °F).

≈ Mélanger la chapelure avec la semoule de maïs, et les œufs battus avec la crème. Tremper les crabes d'abord dans le mélange aux œufs, puis dans celui à la chapelure.

≈ Faire frire dans l'huile chaude jusqu'à ce que les deux côtés des crabes soient brun doré. Égoutter sur des essuie-tout et servir avec des quartiers de citron.

4 PORTIONS

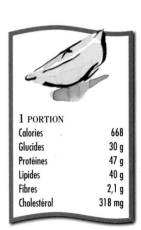

1 PORTION	
Calories	668
Glucides	30 g
Protéines	47 g
Lipides	40 g
Fibres	2,1 g
Cholestérol	318 mg

Huîtres frites, sauce tartare ∼

24	huîtres fraîches	24
2	œufs, battus	2
50 ml	crème 15 %	¼ tasse
250 ml	chapelure	1 tasse
50 ml	ciboulette fraîche, hachée	¼ tasse
125 ml	farine tout usage	½ tasse
	huile d'arachide*, pour grande friture	
	sauce tartare (voir p. 253)	
	rondelles de citron, pour garnir	

∼ Laver les huîtres à l'eau froide courante et les décoquiller (voir p. 11). Mélanger les œufs avec la crème, et la chapelure avec la ciboulette.

∼ Dans une friteuse, préchauffer l'huile à 180 °C (350 °F).

∼ Passer les huîtres dans la farine, puis dans les œufs et ensuite dans la chapelure.

∼ Faire frire les huîtres 3 minutes, ou jusqu'à ce qu'elles soient brun doré. Les égoutter sur des essuie-tout et les servir avec de la sauce tartare et des rondelles de citron.

4 PORTIONS

∼∼∼∼∼∼∼∼∼∼∼∼∼∼∼

*NOTE : L'HUILE D'ARACHIDE EST L'UNE DES MEILLEURES POUR LA FRITURE. ON PEUT LA FAIRE CHAUFFER JUSQU'À 200 °C (400 °F).

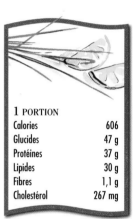

1 PORTION	
Calories	606
Glucides	47 g
Protéines	37 g
Lipides	30 g
Fibres	1,1 g
Cholestérol	267 mg

Wontons au vivaneau et aux épinards, frits

15 ml	huile végétale	1 c. à s.
2	échalotes françaises*, hachées	2
500 ml	épinards frais, hachés	2 tasses
225 g	filets de vivaneau, en dés	½ lb
225 g	chair de crabe	½ lb
30 ml	sauce soya	2 c. à s.
15 ml	cassonade	1 c. à s.
450 g	feuilles de wonton	1 lb
	poivre fraîchement moulu	
	huile d'arachide, pour grande friture	

∽ Faire chauffer l'huile végétale dans un poêlon de taille moyenne et y faire sauter les échalotes françaises 2 minutes, à feu doux. Ajouter les épinards et faire cuire 1 minute, ou jusqu'à ce qu'ils soient ramollis. Verser dans un bol de taille moyenne. Ajouter le vivaneau, la chair de crabe, la sauce soya, la cassonade et du poivre au goût; bien mélanger.

∽ Dans une friteuse, préchauffer l'huile d'arachide à 180 °C (350 °F).

∽ Déposer 15 ml (1 c. à s.) de farce sur chaque feuille de wonton. Humecter les côtés et rabattre deux des coins opposés vers le centre. Faire de même avec les deux autres coins et appuyer pour sceller.

∽ Faire frire les wontons dans l'huile chaude jusqu'à ce qu'ils soient dorés. Servir avec de la sauce chili ou une autre sauce de votre choix.

4 PORTIONS

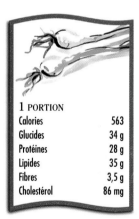

1 PORTION	
Calories	563
Glucides	34 g
Protéines	28 g
Lipides	35 g
Fibres	3,5 g
Cholestérol	86 mg

Faire cuire les épinards jusqu'à ce qu'ils ramollissent.

Ajouter le vivaneau, la chair de crabe, la sauce soya et la cassonade.

Déposer 15 ml (1 c. à s.) de farce au centre de chaque feuille de wonton.

~~~~~~~~~~~~~~

*NOTE : CHOISIR DES ÉCHALOTES FRANÇAISES FERMES, À LA PELURE SÈCHE. ENVELOPPER LES ÉCHALOTES PELÉES DANS UNE PELLICULE DE PLASTIQUE ET LES CONSERVER AU RÉFRIGÉRATEUR. ELLES PERDENT LEUR SAVEUR APRÈS 24 HEURES.

Humecter les côtés.

Rabattre les coins opposés vers le centre.

Faire de même avec les 2 autres coins et appuyer pour sceller.

BOUCHÉES JAPONAISES AU SAUMON ET AU TOFU

350 g	filets de saumon	¾ lb
225 g	tofu*	½ lb
50 ml	farine tout usage	¼ tasse
30 ml	ciboulette à l'ail fraîche, hachée	2 c. à s.
50 ml	sauce soya	¼ tasse
	lamelles de gingembre mariné	
	sel et poivre fraîchement moulu	
	huile d'arachide, pour grande friture	
	farine	

~ Mettre le saumon dans une casserole de taille moyenne et le couvrir d'eau salée. Porter à ébullition, à feu moyen-vif. Baisser le feu et faire mijoter environ 3 minutes. Égoutter; retirer la peau et les arêtes. Émietter le saumon et le hacher finement.

~ Couper le tofu en carrés de 1 cm (½ po) de côté et le faire cuire 2 minutes, dans de l'eau bouillante salée. Bien l'égoutter dans un morceau de coton fromage afin d'en retirer l'excès de liquide, puis l'écraser à la fourchette. Ajouter le saumon, la farine et la ciboulette à l'ail. Assaisonner et bien mélanger.

~ Dans une friteuse, préchauffer l'huile à 180 °C (350 °F).

~ Façonner le mélange en boulettes, les enrober de farine, puis les faire frire dans l'huile chaude jusqu'à ce qu'elles soient dorées. Servir avec la sauce soya et le gingembre mariné.

4 PORTIONS

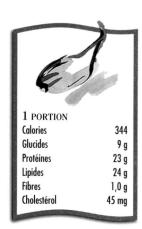

1 PORTION	
Calories	344
Glucides	9 g
Protéines	23 g
Lipides	24 g
Fibres	1,0 g
Cholestérol	45 mg

*NOTE : LE TOFU EST FABRIQUÉ À PARTIR DE FÈVES DE SOYA TREMPÉES, RÉDUITES EN PURÉE, BOUILLIES ET BIEN ÉGOUTTÉES. IMMERGÉ DANS L'EAU, IL SE CONSERVERA 5 JOURS AU RÉFRIGÉRATEUR. L'EAU DOIT ÊTRE CHANGÉE TOUS LES JOURS.

SARDINES ET MAQUEREAU AUX NOIX D'ACAJOU ET AUX GRAINES DE SÉSAME

8	sardines fraîches	8
225 g	filets de maquereau	½ lb
125 ml	dashi (voir p. 252)	½ tasse
50 ml	sauce soya	¼ tasse
50 ml	vinaigre de riz	¼ tasse
½	piment fort rouge, épépiné et haché	½
125 ml	farine	½ tasse
2	œufs, battus avec 30 ml (2 c. à s.) d'eau	2
250 ml	graines de sésame*	1 tasse
250 ml	noix d'acajou, hachées*	1 tasse
	huile d'arachide, pour grande friture	
	sel et poivre fraîchement moulu	

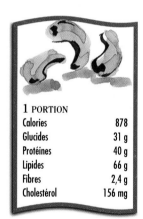

1 PORTION	
Calories	878
Glucides	31 g
Protéines	40 g
Lipides	66 g
Fibres	2,4 g
Cholestérol	156 mg

~ Préparer les sardines tel qu'indiqué à la page 10. Ouvrir les poissons à plat, les rincer à l'eau courante froide et les assécher. Couper les filets de maquereau en cubes et réserver.

~ Préparer la sauce en mélangeant le dashi, la sauce soya, le vinaigre de riz et le piment fort.

~ Dans une friteuse, préchauffer l'huile à 180 °C (350 °F).

~ Assaisonner les sardines et le maquereau. Les passer dans la farine, puis dans les œufs. Enrober ensuite chaque morceau soit de graines de sésame, soit de noix d'acajou.

~ Faire frire dans l'huile chaude jusqu'à ce que les morceaux soient brun doré et égoutter sur des essuie-tout. Servir avec la sauce.

4 PORTIONS

*NOTE : ON PEUT AUSSI UTILISER UN MÉLANGE DE GRAINES DE SÉSAME GRILLÉES ET NATURE, DES PIGNONS OU DES PISTACHES AU LIEU DES NOIX D'ACAJOU.

ROULEAUX AU CRABE, À LA SAUCE AIGRE-DOUCE

SAUCE AIGRE-DOUCE

60 ml	cassonade	4 c. à s.
60 ml	vinaigre de riz	4 c. à s.
125 ml	bouillon de poulet	½ tasse
30 ml	sauce soya	2 c. à s.
30 ml	sauce de poisson (nuoc-mâm)	2 c. à s.
15 ml	gingembre frais, haché	1 c. à s.
15 ml	pâte de tomate*	1 c. à s.
15 ml	fécule de maïs	1 c. à s.

ROULEAUX AU CRABE

225 g	chair de crabe	½ lb
250 ml	fèves germées	1 tasse
2	carottes, en julienne	2
2	gousses d'ail, hachées finement	2
15 ml	sauce de poisson (nuoc-mâm)	1 c. à s.
30 ml	basilic thaïlandais frais, haché	2 c. à s.
30 ml	menthe fraîche, hachée	2 c. à s.
8	crêpes de riz de 17,5 cm (7 po) de diamètre	8
	huile d'arachide, pour grande friture	
	épinards frais	
	julienne de carottes	

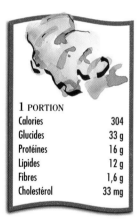

1 PORTION

Calories	304
Glucides	33 g
Protéines	16 g
Lipides	12 g
Fibres	1,6 g
Cholestérol	33 mg

∼ Dans une petite casserole, mélanger tous les ingrédients de la sauce aigre-douce, sauf la fécule de maïs, et porter à ébullition. Diluer la fécule dans 30 ml (2 c. à s.) d'eau; incorporer à la sauce et faire cuire environ 3 minutes.

∼ Dans un bol de taille moyenne, mélanger la chair de crabe, les fèves germées, les carottes, l'ail, la sauce de poisson, le basilic et la menthe. Réserver.

∼ Dans une friteuse, préchauffer l'huile à 190 °C (375 °F).

∼ Tremper une crêpe de riz dans de l'eau chaude pendant 20 secondes, ou jusqu'à ce qu'elle ramollisse. L'étaler sur le plan de travail et déposer une petite quantité de farce au centre. Replier la crêpe par-dessus la farce, puis replier les côtés vers l'intérieur avant de rouler. Répéter avec les autres crêpes.

∼ Faire frire les rouleaux dans l'huile chaude jusqu'à ce qu'ils soient croustillants et légèrement dorés. Servir avec la sauce aigre-douce, les épinards frais et la julienne de carottes.

4 PORTIONS

Diluer la fécule de maïs dans l'eau et l'ajouter à la sauce aigre-douce.

Mélanger la chair de crabe, les fèves germées, les carottes, l'ail, la sauce de poisson, le basilic et la menthe.

Tremper une crêpe de riz dans l'eau chaude.

~~~~~~~~~~~~~~~~

*NOTE : RECOUVERTE D'HUILE, LA PÂTE DE TOMATE PEUT SE CONSERVER PLUSIEURS JOURS DANS UN CONTENANT HERMÉTIQUE, AU RÉFRIGÉRATEUR. ELLE PEUT AUSSI SE CONGELER.

Placer une petite quantité de farce au centre.

Replier la crêpe par-dessus la farce, puis replier les côtés vers l'intérieur.

Rouler.

FRITURE DE MORUE ET DE LÉGUMES ≈

250 ml	farine tout usage	1 tasse
5 ml	sel	1 c. à t.
5 ml	bicarbonate de soude	1 c. à t.
375 ml	babeurre*	1½ tasse
1	œuf, battu	1
1	taro, pelé et émincé	1
1	racine de lotus, pelée et émincée	1
1	patate douce, pelée et émincée	1
1	betterave, pelée et émincée	1
450 g	morue fraîche	1 lb
	huile d'arachide, pour grande friture	
	sel et poivre fraîchement moulu	
	sauce tartare (voir p. 253)	

≈ Mélanger la farine, le sel et le bicarbonate de soude. Ajouter le babeurre et l'œuf battu; bien mélanger et réserver.

≈ Dans une friteuse, préchauffer l'huile à 180 °C (350 °F). Y faire frire le taro, le lotus et la patate douce jusqu'à ce qu'ils soient dorés et croustillants; réserver. Répéter l'opération avec les tranches de betterave.

≈ Couper la morue en morceaux de 10 cm (4 po) et bien assaisonner. Les enrober de pâte et les faire frire environ 2 minutes, ou jusqu'à ce qu'ils soient croustillants et dorés. Égoutter sur des essuie-tout. Servir avec la sauce tartare et les légumes frits.

4 PORTIONS

*NOTE : LE BABEURRE AJOUTE DE LA SAVEUR À LA PÂTE ET L'AIDE À LEVER.

1 PORTION	
Calories	637
Glucides	48 g
Protéines	28 g
Lipides	37 g
Fibres	2,0 g
Cholestérol	129 mg

~~~~~~~~~~~~~~~~

*NOTE : LA PLUS GROSSE PALOURDE JAMAIS VUE A ÉTÉ TROUVÉE PRÈS D'OKINAWA, AU JAPON. ELLE PESAIT ENVIRON 340 KG (750 LB)!

BEIGNETS AUX PALOURDES ÉPICÉS
AVEC MAYONNAISE AUX FINES HERBES   ~

1,8 kg	palourdes* de grosseur moyenne, fraîches	4 lb
125 ml	vin blanc sec	½ tasse
1	brin de thym frais	1
2	brins de persil frais	2
500 ml	farine tout usage	2 tasses
2 ml	paprika	½ c. à t.
2 ml	piment de Cayenne	½ c. à t.
2	œufs, battus	2
2	piments forts rouges, épépinés et hachés finement	2
	lait	
	mayonnaise aux fines herbes (voir p. 250)	
	huile d'arachide, pour grande friture	

~ Laver les palourdes et les mettre dans une grande casserole. Ajouter le vin et les fines herbes. Couvrir et faire cuire à feu vif environ 5 minutes, jusqu'à ce que les coquilles s'ouvrent. Jeter celles qui sont restées fermées.

~ Décoquiller les palourdes et filtrer leur jus de cuisson à travers une passoire; ajouter assez de lait pour obtenir 250 ml (1 tasse) de liquide et réserver.

~ Hacher finement les palourdes et ajouter la farine, le paprika et le piment de Cayenne. Incorporer les œufs au mélange réservé de lait et de jus de palourdes; ajouter aux palourdes. Ajouter les piments forts et bien mélanger.

~ Dans une friteuse, préchauffer l'huile à 180 °C (350 °F). Y faire tomber le mélange par cuillerées et faire frire jusqu'à ce que les beignets soient dorés et gonflé,s. Égoutter sur des essuie-tout et servir avec la mayonnaise aux fines herbes.

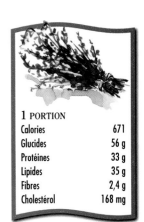

1 PORTION	
Calories	671
Glucides	56 g
Protéines	33 g
Lipides	35 g
Fibres	2,4 g
Cholestérol	168 mg

4 PORTIONS

Fritto misto* de la mer

250 ml	farine tout usage	1 tasse
50 ml	fécule de maïs	¼ tasse
2 ml	poudre à pâte	½ c. à t.
1 ml	sel	¼ c. à t.
1	œuf	1
250 ml	eau	1 tasse
15 ml	fenouil frais, haché	1 c. à s.
15 ml	basilic frais, haché	1 c. à s.
15 ml	thym frais, haché	1 c. à s.
15 ml	persil frais, haché	1 c. à s.
8	pétoncles	8
8	grosses crevettes, décortiquées et déveinées	8
300 g	morue fraîche, en morceaux de 2,5 cm (1 po)	⅔ lb
	huile d'arachide, pour grande friture	
	basilic frais, pour garnir	
	feuilles de trévise	
	quartiers de citron	

➳ Mélanger la farine, la fécule de maïs, la poudre à pâte et le sel. Battre l'œuf et ajouter l'eau; incorporer au mélange à la farine. Ajouter le fenouil, le basilic, le thym et le persil; bien mélanger et réserver.

➳ Dans une friteuse, préchauffer l'huile à 190 °C (375 °F).

➳ Enrober les pétoncles, les crevettes et la morue de pâte et les faire frire dans l'huile chaude jusqu'à ce qu'ils soient dorés. Bien égoutter sur des essuie-tout. Garnir du basilic et servir immédiatement avec les feuilles de trévise et les quartiers de citron.

4 PORTIONS

*Note : LE «FRITTO MISTO» (CE QUI SIGNIFIE MÉLANGE FRIT) EST UNE SPÉCIALITÉ ITALIENNE COMPOSÉE DE DIVERS ALIMENTS FRITS.

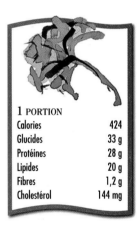

1 PORTION	
Calories	424
Glucides	33 g
Protéines	28 g
Lipides	20 g
Fibres	1,2 g
Cholestérol	144 mg

EN FRITURE

CROQUETTES DE SAUMON AUX AMANDES

375 ml	saumon frais, cuit et émietté	1½ tasse
375 ml	purée de pommes de terre, chaude	1½ tasse
1	petit oignon*, haché finement	1
125 ml	céleri, en petits dés	½ tasse
2	œufs	2
1	pincée de paprika	1
45 ml	lait	3 c. à s.
125 ml	chapelure	½ tasse
125 ml	poudre d'amandes	½ tasse
250 ml	farine tout usage	1 tasse
	sel et poivre fraîchement moulu	
	huile d'arachide, pour grande friture	
	feuilles de laitue	
	rondelles de lime	

∾ Dans un bol, mélanger le saumon, la purée de pommes de terre, l'oignon et le céleri. Bien assaisonner et y incorporer 1 œuf. Ajouter le paprika, bien mélanger et laisser refroidir.

∾ Façonner le mélange en croquettes de forme rectangulaire et réfrigérer 1 heure.

∾ Battre l'œuf qui reste avec le lait. Mélanger la chapelure avec la poudre d'amandes. Passer les croquettes dans la farine, puis dans l'œuf battu et ensuite dans la chapelure.

∾ Dans une friteuse, préchauffer l'huile à 180 °C (350 °F). Y faire frire les croquettes jusqu'à ce qu'elles soient brun doré. Bien les égoutter sur des essuie-tout et les servir avec des feuilles de laitue et des rondelles de lime.

4 PORTIONS

*NOTE : NE JAMAIS CONSERVER LES OIGNONS ET LES POMMES DE TERRE ENSEMBLE. LES OIGNONS ABSORBERONT L'HUMIDITÉ DES POMMES DE TERRE ET POURRIRONT.

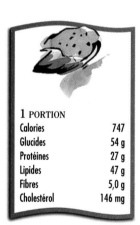

1 PORTION	
Calories	747
Glucides	54 g
Protéines	27 g
Lipides	47 g
Fibres	5,0 g
Cholestérol	146 mg

EN FRITURE

CALMARS FRITS

900 g	calmars*, frais	2 lb
250 ml	farine tout usage	1 tasse
	jus de 1 citron	
	sel et poivre fraîchement moulu	
	huile d'arachide, pour grande friture	
	mayonnaise aux fines herbes (voir p. 250)	

∼ Nettoyer et parer les calmars (voir p. 12). Les trancher en anneaux minces.

∼ Préchauffer le four à 100 °C (200 °F). Dans une friteuse, préchauffer l'huile à 180 °C (350 °F).

∼ Saler et poivrer la farine. Passer les anneaux de calmar dans la farine, puis bien les secouer pour en enlever le surplus. Faire frire les anneaux, quelques-uns à la fois, jusqu'à ce qu'ils soient dorés. Les retirer avec une écumoire et les garder au chaud, au four. Arroser de jus de citron et servir avec la mayonnaise aux fines herbes.

4 PORTIONS

NOTE : LE PLUS GROS CALMAR JAMAIS VU A ÉTÉ TROUVÉ PRÈS DE TERRE-NEUVE EN 1978. IL MESURAIT PLUS DE 16 M (50 PI) DE LONG.

1 PORTION	
Calories	263
Glucides	31 g
Protéines	28 g
Lipides	3 g
Fibres	1,0 g
Cholestérol	373 mg

EN FRITURE

*NOTE : LE CRESSON EST L'UNE DES NOMBREUSES PLANTES DE LA FAMILLE DE LA MOUTARDE. IL A UNE SAVEUR POIVRÉE, LÉGÈREMENT RELEVÉE. SI ON EN PLACE LES TIGES DANS UN CONTENANT D'EAU FRAÎCHE RECOUVERT D'UN SAC DE PLASTIQUE, ON PEUT LE CONSERVER JUSQU'À 5 JOURS AU RÉFRIGÉRATEUR.

TRANCHES D'ESPADON FRIT ET CRESSON CITRONNÉ

1	œuf	1
125 ml	lait	½ tasse
4	tranches d'espadon d'environ 175 g (6 oz) chacune	4
125 ml	farine tout usage	½ tasse
375 ml	chapelure	1½ tasse
1 litre	cresson frais*	4 tasses
15 ml	huile d'olive	1 c. à s.
	huile d'arachide, pour grande friture	
	zeste de ½ citron, haché	
	jus de 1 citron	
	sel et poivre fraîchement moulu	
	quartiers de citron, pour garnir	

~ Dans une friteuse, préchauffer l'huile à 170 °C (340 °F). Battre l'œuf avec le lait. Assaisonner le poisson, le passer dans la farine et le secouer pour en enlever le surplus. Passer dans l'œuf, puis dans la chapelure.

~ Faire frire le poisson dans l'huile d'arachide chaude jusqu'à ce qu'il soit doré; le retirer et l'égoutter sur des essuie-tout. Faire sauter le cresson dans l'huile d'olive; ajouter le jus et le zeste de citron. Saler et poivrer.

~ Servir les tranches d'espadon sur un lit de cresson et garnir de quartiers de citron.

4 PORTIONS

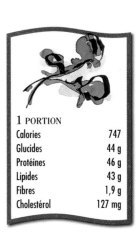

1 PORTION	
Calories	747
Glucides	44 g
Protéines	46 g
Lipides	43 g
Fibres	1,9 g
Cholestérol	127 mg

EN CASSEROLE
ET À LA VAPEUR

~

Les plats en casserole sont toujours fort appréciés,

surtout lorsqu'il s'agit de repas pris entre amis.

De plus, tous les amateurs de bonne chère s'accordent

pour vanter les mérites de la cuisson à la vapeur qui

confère aux poissons et fruits de mer une saveur

subtile et raffinée.

Dans ce chapitre, vous découvrirez des recettes

aussi variées qu'appétissantes, que vous prendrez

plaisir à préparer… et encore plus à déguster.

MOULES EN SAUCE CRÉMEUSE
AU VIN BLANC ⁓

2,7 kg	moules fraîches*, lavées, brossées et ébarbées	6 lb
3	échalotes françaises, hachées	3
30 ml	persil frais, haché	2 c. à s.
30 ml	cerfeuil frais, haché	2 c. à s.
175 ml	vin blanc	¾ tasse
30 ml	beurre	2 c. à s.
125 ml	crème 35 %	½ tasse
½	poivron rouge, haché finement	½
	poivre fraîchement moulu	

⁓ Mettre les moules dans une grande casserole avec les échalotes, les fines herbes, le vin et le beurre; bien mélanger. Poivrer, couvrir et faire cuire à feu doux jusqu'à ce que les coquilles s'ouvrent. Secouer la casserole à plusieurs reprises pendant la cuisson.

⁓ Retirer les moules avec une écumoire et les mettre dans un bol. Jeter toutes celles qui sont restées fermées. Poursuivre la cuisson du liquide dans la casserole jusqu'à ce qu'il ait réduit de moitié. Ajouter la crème et porter à ébullition. Baisser le feu à doux, ajouter le poivron et les moules, et faire mijoter 3 minutes. Servir immédiatement.

4 PORTIONS

⁓⁓⁓⁓⁓⁓⁓⁓⁓⁓⁓⁓⁓⁓⁓⁓⁓⁓⁓⁓⁓⁓⁓⁓⁓

*NOTE : IL FAUT CONSOMMER LES MOULES LE PLUS TÔT POSSIBLE APRÈS L'ACHAT. COUVERTES D'UN LINGE HUMIDE, ELLES SE CONSERVERONT DE 24 À 48 HEURES AU RÉFRIGÉRATEUR. SI ON LES MET DANS UN CONTENANT HERMÉTIQUE, ELLES MOURRONT.

Dans une casserole, mettre les moules, les échalotes, les fines herbes, le vin et le beurre.

Retirer les moules avec une écumoire.

Ajouter au liquide de cuisson la crème, puis le poivron et les moules.

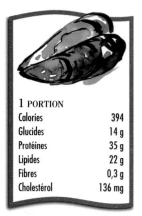

1 PORTION	
Calories	394
Glucides	14 g
Protéines	35 g
Lipides	22 g
Fibres	0,3 g
Cholestérol	136 mg

CREVETTES AU PAPRIKA, SAUCE COCKTAIL

675 g	crevettes* de taille moyenne, fraîches	1½ lb
15 ml	paprika	1 c. à s.
	poivre fraîchement moulu	
	piment de Cayenne, au goût	
	sauce cocktail (voir p. 253)	

∼ Décortiquer les crevettes en laissant les queues intactes; les déveiner. Les assaisonner de paprika, de poivre noir et de piment de Cayenne.

∼ Déposer les crevettes dans la partie supérieure d'une grande étuveuse et couvrir. Faire étuver 5 à 6 minutes, jusqu'à ce qu'elles soient roses.

∼ Servir avec du riz et de la sauce cocktail.

4 PORTIONS

*NOTE : LES CREVETTES SONT FAIBLES EN GRAS ET RICHES EN VITAMINES ET EN MINÉRAUX COMME LE POTASSIUM, LE PHOSPHORE, LE MAGNÉSIUM ET L'IODE.

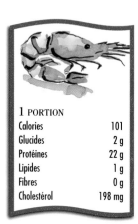

1 PORTION	
Calories	101
Glucides	2 g
Protéines	22 g
Lipides	1 g
Fibres	0 g
Cholestérol	198 mg

*NOTE : LES OIGNONS SE
CONSERVENT JUSQU'À 2 MOIS
DANS UN ENDROIT FRAIS ET
SEC. LORSQU'ILS SONT
ÉPLUCHÉS, LES EMBALLER
DANS UNE PELLICULE DE
PLASTIQUE ; ILS SE
CONSERVERONT JUSQU'À
4 JOURS AU RÉFRIGÉRATEUR.

PÉTONCLES AUX TOMATES ET À LA CIBOULETTE

15 ml	huile d'olive	1 c. à s.
1	oignon*, haché finement	1
2	gousses d'ail, hachées finement	2
6	tomates, pelées, épépinées et hachées	6
75 ml	vin blanc sec	⅓ tasse
550 g	pétoncles frais	1¼ lb
45 ml	ciboulette fraîche, hachée	3 c. à s.
	sel et poivre fraîchement moulu	
	capellini ou autres pâtes fraîches, cuites *al dente*	

～ Faire chauffer l'huile d'olive dans un poêlon, à feu vif. Baisser le feu à moyen, ajouter l'oignon et faire sauter 3 minutes.

～ Ajouter l'ail, les tomates et le vin ; bien assaisonner. Faire cuire 12 minutes, à feu moyen.

～ Ajouter les pétoncles, assaisonner et faire cuire 2 minutes de chaque côté.

～ Parsemer de ciboulette et servir sur les pâtes cuites.

4 PORTIONS

1 PORTION	
Calories	193
Glucides	12 g
Protéines	25 g
Lipides	5 g
Fibres	2,0 g
Cholestérol	47 mg

*NOTE : À LA DIFFÉRENCE DU CHOU ROND, DONT LES FEUILLES SONT LUISANTES ET ONT UNE SAVEUR PRONONCÉE, CELLES DU CHOU CHINOIS SONT CROUSTILLANTES ET ONT UNE SAVEUR DÉLICATE.

ESCALOPES DE BONITE AUX LÉGUMES CHINOIS

1	morceau de gingembre frais de 2,5 cm (1 po), pelé et coupé en julienne	1
30 ml	huile végétale	2 c. à s.
50 ml	sauce soya	¼ tasse
175 ml	bouillon de poulet	¾ tasse
675 g	bonite, en 8 escalopes	1½ lb
225 g	haricots verts chinois	½ lb
750 ml	chou chinois (Napa)*, émincé	3 tasses
750 ml	fèves germées	3 tasses
	sel et poivre fraîchement moulu	

~ Mélanger le gingembre, l'huile végétale, la sauce soya et le bouillon de poulet. Y faire mariner les escalopes de bonite pendant 1 heure, en les retournant après 30 minutes.

~ Faire étuver les haricots verts de 3 à 4 minutes. Ajouter le chou, les fèves germées et le poisson mariné; bien assaisonner. Couvrir et faire étuver 7 minutes.

~ Servir le poisson sur un lit de légumes.

4 PORTIONS

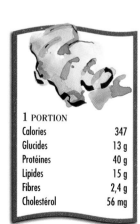

1 PORTION	
Calories	347
Glucides	13 g
Protéines	40 g
Lipides	15 g
Fibres	2,4 g
Cholestérol	56 mg

Truite arc-en-ciel aux fines herbes

45 ml	persil* frais, haché	3 c. à s.
30 ml	ciboulette fraîche, hachée	2 c. à s.
30 ml	basilic frais, haché	2 c. à s.
4	filets de truite arc-en-ciel	4
	zeste râpé de ½ citron	
	sel et poivre fraîchement moulu	

∼ Mélanger le persil, la ciboulette, le basilic et le zeste de citron.

∼ Couper chaque filet de truite en 2 et les placer dans la partie supérieure de l'étuveuse. Assaisonner et parsemer du mélange de fines herbes. Faire étuver à feu doux environ 10 minutes, ou jusqu'à ce que le poisson soit cuit, mais encore tendre et juteux.

∼ Servir avec des légumes frais, comme des asperges ou des tomates.

4 PORTIONS

*NOTE : IL EXISTE PLUSIEURS VARIÉTÉS DE PERSIL, DONT 2 SONT UTILISÉES EN CUISINE: LE PERSIL ITALIEN, AUX FEUILLES PLATES ET AROMATIQUES, ET LE PERSIL FRISÉ À LA SAVEUR MOINS PRONONCÉE, QUI SERT SURTOUT POUR GARNIR.

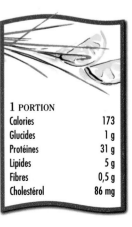

1 PORTION	
Calories	173
Glucides	1 g
Protéines	31 g
Lipides	5 g
Fibres	0,5 g
Cholestérol	86 mg

DIM-SUM* AUX CREVETTES ET AUX CHAMPIGNONS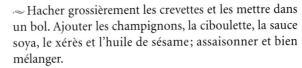

225 g	crevettes, décortiquées et déveinées	½ lb
6	champignons, hachés finement	6
30 ml	ciboulette à l'ail, hachée finement	2 c. à s.
15 ml	sauce soya	1 c. à s.
30 ml	xérès	2 c. à s.
5 ml	huile de sésame	1 c. à t.
12	feuilles de wonton	12
	sel et poivre fraîchement moulu	

Mélanger les crevettes, les champignons, la ciboulette, la sauce soya, le xérès, l'huile de sésame, le sel et le poivre.

≈ Hacher grossièrement les crevettes et les mettre dans un bol. Ajouter les champignons, la ciboulette, la sauce soya, le xérès et l'huile de sésame; assaisonner et bien mélanger.

≈ Déposer 15 ml (1 c. à s.) de farce au centre de chaque feuille de wonton. Humecter les bords, ramener les côtés vers le haut et presser pour sceller en formant une petite bourse.

≈ Dans une étuveuse de bambou placée sur une casserole d'eau bouillante, faire cuire les dim-sum 5 minutes, à feu vif. Servir immédiatement.

4 PORTIONS

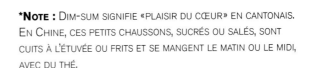

Déposer 15 ml (1 c. à s.) de farce au centre de chaque feuille de wonton.

NOTE : DIM-SUM SIGNIFIE «PLAISIR DU CŒUR» EN CANTONAIS. EN CHINE, CES PETITS CHAUSSONS, SUCRÉS OU SALÉS, SONT CUITS À L'ÉTUVÉE OU FRITS ET SE MANGENT LE MATIN OU LE MIDI, AVEC DU THÉ.

Ramener les côtés vers le haut et presser pour sceller en formant une petite bourse.

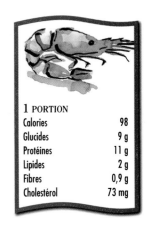

1 PORTION	
Calories	98
Glucides	9 g
Protéines	11 g
Lipides	2 g
Fibres	0,9 g
Cholestérol	73 mg

CRABES BLEUS, SAUCE AU CURRY

12	crabes bleus, vivants	12
30 ml	sel	2 c. à s.
375 ml	bière*	1½ tasse
125 ml	vinaigre de riz	½ tasse
15 ml	huile d'arachide	1 c. à s.
15 ml	poudre de curry	1 c. à s.
500 ml	crème de coco	2 tasses
45 ml	coriandre fraîche, hachée	3 c. à s.
	zeste de 1 lime	
	sel de mer	

∽ Déposer la moitié des crabes dans une grande étuveuse ou dans la partie supérieure d'un bain-marie. Saupoudrer de la moitié du sel. Mélanger la bière et le vinaigre; verser la moitié du liquide sur les crabes.

∽ Mettre le reste des crabes par-dessus les autres, dans l'étuveuse. Ajouter d'abord le sel, puis le reste du liquide. Couvrir et faire étuver de 15 à 18 minutes, jusqu'à ce que les crabes soient d'un rouge vif.

∽ Pendant ce temps, faire chauffer l'huile à feu moyen; ajouter le curry et faire cuire 1 minute. Ajouter la crème de coco, le zeste de lime et la coriandre hachée. Saupoudrer de sel de mer et faire cuire 10 minutes, à feu moyen-doux. Servir la sauce avec les crabes bleus cuits à l'étuvée.

4 PORTIONS

*NOTE : LA BIÈRE AJOUTE DE LA SAVEUR ET DU CARACTÈRE À CE PLAT.

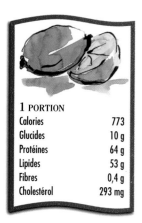

1 PORTION	
Calories	773
Glucides	10 g
Protéines	64 g
Lipides	53 g
Fibres	0,4 g
Cholestérol	293 mg

PALOURDES À LA MARINARA

32	palourdes* de taille moyenne, fraîches	32
250 ml	vin blanc sec	1 tasse
2	gousses d'ail, hachées	2
2	échalotes françaises, hachées	2
45 ml	beurre	3 c. à s.
15 ml	thym frais, haché	1 c. à s.
15 ml	persil frais, haché	1 c. à s.
3	tomates, épépinées et en dés	3
	poivre fraîchement moulu	

≈ Laver les palourdes et les mettre dans une grande casserole. Ajouter le vin blanc, l'ail, les échalotes et 15 ml (1 c. à s.) de beurre. Couvrir et faire cuire à feu moyen-vif, jusqu'à ce que les coquilles s'ouvrent. Secouer la casserole à plusieurs reprises pendant la cuisson.

≈ Retirer les palourdes de la casserole et réserver. Jeter toutes celles qui sont restées fermées. Ajouter le reste du beurre au liquide de cuisson et battre au fouet. Ajouter les fines herbes et les tomates. Poivrer et bien mélanger. Ajouter les palourdes réservées et faire mijoter 3 minutes. Servir immédiatement.

4 PORTIONS

*NOTE : DANS DE NOMBREUSES RECETTES, LES PALOURDES PEUVENT REMPLACER D'AUTRES MOLLUSQUES, COMME LES HUÎTRES ET LES MOULES.

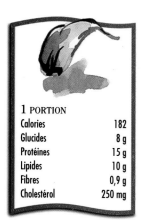

1 PORTION	
Calories	182
Glucides	8 g
Protéines	15 g
Lipides	10 g
Fibres	0,9 g
Cholestérol	250 mg

~~~~~~~~~~~~

*NOTE : POUR OBTENIR
UNE SAVEUR TOUT À FAIT
DIFFÉRENTE, REMPLACER
LES PLEUROTES PAR DES
CHAMPIGNONS SAUVAGES,
COMME LES CÈPES OU
LES CHANTERELLES.

FILETS DE PLIE AUX PLEUROTES

4	filets de plie de 150 g (⅓ lb) chacun	4
15 ml	huile d'olive	1 c. à s.
225 g	pleurotes*	½ lb
	sel et poivre fraîchement moulu	
	persil, pour garnir	
	rondelles de citron	

~ Assaisonner les filets de plie et les placer dans une étuveuse de bambou, ou sur la grille d'une poissonnière contenant de l'eau, à 2,5 cm (1 po) de la surface du liquide. Couvrir et faire cuire environ 5 minutes, à feu moyen.

~ Pendant ce temps, faire chauffer l'huile dans un poêlon, à feu vif, et y faire sauter les champignons de 3 à 4 minutes.

~ Garnir les filets de persil et de rondelles de citron; servir avec les pleurotes sautées.

4 PORTIONS

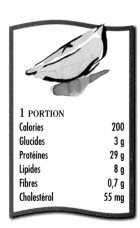

1 PORTION	
Calories	200
Glucides	3 g
Protéines	29 g
Lipides	8 g
Fibres	0,7 g
Cholestérol	55 mg

VIVANEAUX AUX OIGNONS, AUX CÂPRES ET AUX OLIVES

30 ml	huile d'olive	2 c. à s.
3	oignons, coupés en 2 et tranchés	3
2	gousses d'ail, hachées	2
175 ml	olives de Calamata	¾ tasse
30 ml	câpres*	2 c. à s.
250 ml	bouillon de poulet	1 tasse
30 ml	origan frais, haché	2 c. à s.
4	petits vivaneaux entiers	4
	sel et poivre fraîchement moulu	

∼ Faire chauffer l'huile dans une grande casserole ; y faire dorer les oignons à feu moyen, environ 10 minutes. Ajouter l'ail, les olives, les câpres, le bouillon de poulet et l'origan. Assaisonner et faire cuire environ 5 minutes.

∼ Disposer les vivaneaux (2 à la fois, si possible) sur les oignons, dans la casserole. Couvrir et faire cuire 5 minutes. Retourner les poissons et poursuivre la cuisson environ 3 minutes. Retirer les vivaneaux et les garder au chaud au four ; faire cuire les 2 autres vivaneaux.

∼ Lorsque tous les poissons sont cuits, les servir sur le lit d'oignons, de câpres et d'olives.

4 PORTIONS

*NOTE : ON TROUVE DES CÂPRES DANS LE VINAIGRE OU DANS LA SAUMURE. CES DERNIÈRES DOIVENT ÊTRE RINCÉES LONGUEMENT AVANT D'ÊTRE UTILISÉES.

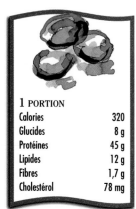

1 PORTION	
Calories	320
Glucides	8 g
Protéines	45 g
Lipides	12 g
Fibres	1,7 g
Cholestérol	78 mg

~~~~~~~~~~~~

*NOTE : LES ORANGES SE CONSERVENT QUELQUES JOURS À LA TEMPÉRATURE AMBIANTE OU PLUS DE 2 SEMAINES AU RÉFRIGÉRATEUR.

MOULES EN SAUCE À L'ORANGE ET À LA CORIANDRE ≈

1,8 kg	moules, lavées, brossées et ébarbées	4 lb
125 ml	jus d'orange*	½ tasse
50 ml	jus de lime	¼ tasse
30 ml	sauce de poisson (nuoc-mâm)	2 c. à s.
125 ml	vin blanc sec	½ tasse
15 ml	graines de coriandre, écrasées	1 c. à s.
2	gousses d'ail, hachées	2
	zeste de ½ orange	
	poivre fraîchement moulu	

≈ Mettre tous les ingrédients dans une grande casserole et poivrer. Couvrir et faire cuire à feu vif jusqu'à ce que les coquilles s'ouvrent. Secouer la casserole plusieurs fois pendant la cuisson. Jeter toutes les moules qui ne sont pas ouvertes.

≈ Servir les moules avec la sauce.

4 PORTIONS

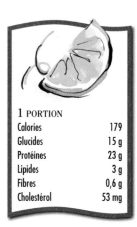

1 PORTION	
Calories	179
Glucides	15 g
Protéines	23 g
Lipides	3 g
Fibres	0,6 g
Cholestérol	53 mg

ROULEAUX AU SAUMON ET AU CHÈVRE, BEURRE BLANC

24	grandes feuilles d'épinard	24
15 ml	huile d'olive	1 c. à s.
1	blanc de poireau, en dés	1
15 ml	romarin frais, haché	1 c. à s.
225 g	fromage de chèvre frais	½ lb
4	tranches de filet de saumon, de 150 g (⅓ lb) chacune, sans la peau	4
250 ml	beurre blanc* (voir p. 252)	1 tasse
30 ml	ciboulette fraîche, hachée	2 c. à s.
	sel et poivre fraîchement moulu	

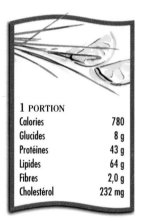

1 PORTION	
Calories	780
Glucides	8 g
Protéines	43 g
Lipides	64 g
Fibres	2,0 g
Cholestérol	232 mg

◡ Préchauffer le four à 180 °C (350 °F).

◡ Blanchir les épinards dans de l'eau bouillante salée. Bien les égoutter et réserver.

◡ Dans un poêlon, faire chauffer l'huile à feu moyen; y faire sauter le poireau 3 minutes. Ajouter le romarin, assaisonner et poursuivre la cuisson 1 minute. Retirer du feu et ajouter le chèvre; bien mélanger.

◡ Avec un couteau, ouvrir les filets sur l'épaisseur, jusqu'à 2,5 cm (1 po) du bord; les placer sur les feuilles d'épinard. Étaler la farce à l'intérieur et refermer. Bien assaisonner, couvrir de feuilles d'épinard et envelopper dans une pellicule de plastique.

◡ Couvrir d'eau le fond d'une poissonnière. Déposer le poisson sur la grille, à 2,5 cm (1 po) du liquide, et couvrir de papier d'aluminium. Faire cuire au four environ 20 minutes.

◡ Laisser reposer 5 minutes et servir avec un beurre blanc et de la ciboulette.

4 PORTIONS

Faire sauter le poireau dans l'huile d'olive chaude et ajouter le romarin.

Incorporer le chèvre frais.

Fendre le saumon sur l'épaisseur, jusqu'à 2,5 cm (1 po) du bord.

~~~~~~~~~~~~

*NOTE : PRÉPARER
LE BEURRE BLANC À FEU
TRÈS DOUX OU AU BAIN-
MARIE. UNE TEMPÉRATURE
ÉLEVÉE RISQUE DE LE FAIRE
TOURNER.

*Placer le saumon sur les
épinards.*

*Étaler la farce à l'intérieur,
puis refermer.*

*Couvrir et envelopper de
feuilles d'épinard.*

EN CASSEROLE ET
À LA VAPEUR

*NOTE : NE PAS UTILISER DE
L'EAU DE COCO. LE LAIT DE
COCO EST FAIT À PARTIR DE
LA PULPE RÂPÉE DE LA NOIX
DE COCO, RÉDUITE EN PURÉE
ET MÉLANGÉE À DE L'EAU
CHAUDE OU À DU LAIT,
PUIS PRESSÉE.

PÂTÉS THAÏLANDAIS CUITS À LA VAPEUR ≈

150 g	filets de poisson blanc, hachés finement	⅓ lb
150 g	crevettes fraîches, décortiquées, déveinées et hachées finement	⅓ lb
30 ml	sauce de poisson (nuoc-mâm)	2 c. à s.
300 ml	lait de coco*	1¼ tasse
50 ml	basilic thaïlandais frais, haché	¼ tasse
15 ml	zeste de lime, haché	1 c. à s.
2	gousses d'ail, hachées	2
1	piment fort rouge, épépiné et haché finement	1
1	œuf, battu	1
30 ml	farine de riz	2 c. à s.

≈ Préchauffer le four à 200 °C (400 °F).

≈ Mélanger le poisson et les crevettes. Ajouter la sauce de poisson, le lait de coco, le basilic, le zeste de lime, l'ail et le piment fort. Faire mariner 30 minutes. Ajouter l'œuf et la farine de riz; bien mélanger.

≈ Répartir la préparation entre 4 ramequins, puis les déposer dans un plat allant au four contenant 2,5 cm (1 po) d'eau. Faire cuire au four environ 25 minutes. Servir immédiatement.

4 PORTIONS

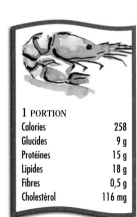

1 PORTION	
Calories	258
Glucides	9 g
Protéines	15 g
Lipides	18 g
Fibres	0,5 g
Cholestérol	116 mg

DAURADES À LA MÉDITERRANÉENNE

1	bulbe de fenouil*, émincé	1
1	poivron rouge, émincé	1
2	blancs de poireau, émincés	2
2	brins de persil frais	2
4	daurades, de 350 g (¾ lb) chacune	4
	sel et poivre fraîchement moulu	

∾ Placer le fenouil, le poivron rouge et le poireau dans une étuveuse contenant environ 2,5 cm (1 po) d'eau. Ajouter le persil et déposer les daurades assaisonnées dessus.

∾ Couvrir et faire cuire à feu doux 15 minutes, ou jusqu'à ce que la chair du poisson soit opaque et légèrement ferme.

∾ Servir le poisson sur un lit de légumes, avec des pommes de terre nouvelles cuites à la vapeur, si désiré.

4 PORTIONS

*NOTE : LE FENOUIL EST RICHE EN VITAMINE A. IL CONTIENT AUSSI DU CALCIUM, DU PHOSPHORE ET DU POTASSIUM. IL SE CONSERVE PLUS DE 5 JOURS DANS UN SAC DE PLASTIQUE, AU RÉFRIGÉRATEUR.

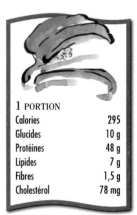

1 PORTION	
Calories	295
Glucides	10 g
Protéines	48 g
Lipides	7 g
Fibres	1,5 g
Cholestérol	78 mg

POCHÉS

~

Rien n'est comparable aux poissons et aux fruits de mer
pochés pour flatter le palais. Il est effectivement bien
difficile de résister à leur goût et à leur texture
inégalables.

Les recettes que nous vous suggérons dans ce
chapitre vous permettront de cuisiner en peu de
temps des plats raffinés et savoureux, qui vous
vaudront, à coup sûr, les éloges de vos convives.

POT-AU-FEU DE MÉROU

30 ml	beurre	2 c. à s.
4	darnes de mérou, épaisses	4
2	gousses d'ail, hachées	2
4	petits oignons	4
4	clous de girofle	4
2	brins de persil frais	2
2	feuilles de laurier	2
1 litre	bouillon de poulet ou de légumes	4 tasses
3	carottes, en morceaux de 2,5 cm (1 po)	3
3	panais, en morceaux de 2,5 cm (1 po)	3
2	épis de maïs*, en tronçons	2
	sel et poivre fraîchement moulu	

≈ Dans une poêle, faire fondre le beurre à feu moyen. Assaisonner les darnes de mérou et les faire sauter 1 minute de chaque côté.

≈ Ajouter l'ail, les oignons piqués des clous de girofle, le persil, les feuilles de laurier et le bouillon. Laisser frémir 5 minutes.

≈ Ajouter les carottes, les panais et le maïs. Poursuivre la cuisson 10 minutes, ou jusqu'à ce que le poisson soit cuit. Rectifier l'assaisonnement et servir très chaud.

4 PORTIONS

*NOTE : LE MAÏS EN ÉPI DEVRAIT ÊTRE MANGÉ LE JOUR MÊME DE LA CUEILLETTE PARCE QUE SES SUCRES NATURELS SE TRANSFORMENT ENSUITE EN FÉCULE.

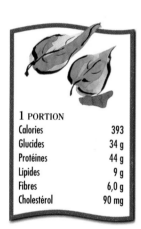

1 PORTION	
Calories	393
Glucides	34 g
Protéines	44 g
Lipides	9 g
Fibres	6,0 g
Cholestérol	90 mg

MORUE FRAÎCHE À LA DIJONNAISE

500 ml	fumet de poisson	2 tasses
675 g	filets de morue fraîche	1½ lb
45 ml	beurre	3 c. à s.
45 ml	farine tout usage	3 c. à s.
30 ml	moutarde forte*	2 c. à s.
30 ml	estragon frais, haché	2 c. à s.
	sel et poivre fraîchement moulu	

~ Dans une casserole, porter le fumet de poisson à ébullition. Baisser le feu à doux et faire pocher les filets de morue 5 minutes dans le fumet qui frémit. Retirer les filets avec une écumoire et garder au chaud.

~ Dans une autre casserole, faire fondre le beurre. Ajouter la farine et le fumet chaud; porter à ébullition. Baisser le feu, incorporer la moutarde et l'estragon. Rectifier l'assaisonnement. Servir le poisson nappé de sauce, avec des asperges, si désiré.

4 PORTIONS

*NOTE : LA MOUTARDE FORTE EST PRODUITE AVEC DU VERJUS ET DU VIN BLANC. L'EXPRESSION «À LA DIJONNAISE» DÉSIGNE LES METS PRÉPARÉS AVEC LES SPÉCIALITÉS DE DIJON, NOTAMMENT LA MOUTARDE (POUR LES PLATS SALÉS) ET LE CASSIS (POUR LES PLATS SUCRÉS).

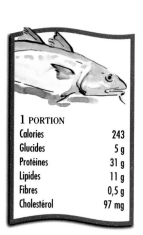

1 PORTION	
Calories	243
Glucides	5 g
Protéines	31 g
Lipides	11 g
Fibres	0,5 g
Cholestérol	97 mg

POCHÉS

~~~~~~~~~~~~~~~

*NOTE : LE BAR RAYÉ A NORMALEMENT DE LONGUES RAYURES DROITES, MAIS LE BAR D'ÉLEVAGE A DES RAYURES FRAGMENTÉES ET IRRÉGULIÈRES.

BAR RAYÉ À LA CORIANDRE ET AUX TOMATES ~

125 ml	vin blanc sec	½ tasse
125 ml	fumet de poisson	½ tasse
4	filets de bar rayé*	4
1	gousse d'ail, hachée	1
6	tomates, pelées, épépinées et hachées	6
50 ml	coriandre fraîche, hachée	¼ tasse
	jus de lime	
	rondelles de lime, pour garnir	
	sel et poivre fraîchement moulu	

4 PORTIONS

~ Dans une casserole, porter le vin blanc et le fumet de poisson à ébullition. Baisser le feu à moyen; ajouter les filets et les faire pocher 7 minutes. Retirer avec une écumoire et réserver.

~ Ramener le liquide à ébullition; ajouter l'ail et les tomates. Bien assaisonner. Baisser le feu à moyen et laisser mijoter 10 minutes. Ajouter la coriandre et bien mélanger. Remettre les filets dans le liquide et faire réchauffer 3 minutes. Arroser chaque filet de jus de lime, garnir de rondelles de lime et servir.

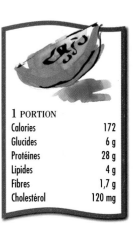

1 PORTION	
Calories	172
Glucides	6 g
Protéines	28 g
Lipides	4 g
Fibres	1,7 g
Cholestérol	120 mg

FILETS DE TURBOT AU SAFRAN

4	filets de turbot, de 75 g (2½ oz) chacun	4
2	échalotes françaises, hachées	2
225 g	champignons, en dés	½ lb
375 ml	vin blanc sec	1½ tasse
250 ml	fumet de poisson	1 tasse
1	pincée de safran*	1
2	petites courgettes, émincées	2
	ciboulette fraîche, pour garnir	
	sel et poivre fraîchement moulu	

∾ Mettre les filets de turbot dans un poêlon. Ajouter les échalotes, les champignons, le vin, le fumet de poisson et le safran; bien assaisonner. Couvrir et porter à ébullition à feu moyen. Retourner les filets, baisser le feu à doux et faire mijoter 2 minutes. Retirer le poisson du poêlon et le garder au chaud.

∾ Ajouter les courgettes au fumet chaud et faire cuire 1 minute.

∾ Pour servir, disposer les rondelles de courgette en cercle dans les assiettes, déposer un filet de poisson au centre et napper de bouillon chaud au safran. Parsemer de ciboulette fraîche.

4 PORTIONS

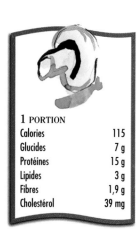

1 PORTION	
Calories	115
Glucides	7 g
Protéines	15 g
Lipides	3 g
Fibres	1,9 g
Cholestérol	39 mg

Ajouter les champignons au poisson dans le poêlon.

Lorsque le poisson est cuit, le retirer et le garder au chaud.

Ajouter les courgettes au liquide chaud et faire cuire 1 minute.

~~~~~~~~~~~~~~~~

*NOTE : AUJOURD'HUI,
LE SAFRAN VIENT SURTOUT
D'ESPAGNE, D'IRAN ET
D'AMÉRIQUE DU SUD.
IL COÛTE TRÈS CHER
PARCE QU'IL FAUT ENVIRON
60 000 FLEURS (CROCUS)
SÉCHÉES DE LA PLANTE
POUR OBTENIR 450 G (1 LB)
DE SAFRAN.

*Disposer les rondelles de cour-
gette en cercle dans les assiettes.*

*Déposer un filet de poisson au
centre.*

*Napper de bouillon chaud au
safran.*

QUENELLES DE BROCHET*

250 ml	eau	1 tasse
45 ml	beurre	3 c. à s.
300 ml	farine tout usage	1¼ tasse
2 ml	sel	½ c. à t.
1	œuf	1
450 g	chair de brochet	1 lb
6	blancs d'œufs	6
500 ml	crème 35 %	2 tasses
60 ml	beurre ramolli	4 c. à s.
500 ml	fumet de poisson ou eau	2 tasses
	muscade râpée, au goût	
	sel et poivre fraîchement moulu	
	bisque de homard (voir p. 50)	

~ Pour faire la pâte à choux, porter l'eau et le beurre à ébullition. Ajouter la farine et le sel; remuer jusqu'à ce que la pâte se détache des côtés de la casserole. Retirer du feu, bien incorporer l'œuf et réserver.

~ Au mélangeur, réduire d'abord la chair de brochet en purée, puis incorporer les blancs d'œufs, un à la fois, et ajouter la moitié de la crème. Ajouter la pâte à choux et la muscade; assaisonner et bien mélanger.

~ Filtrer le mélange à travers une passoire fine; ajouter le beurre ramolli et le reste de la crème. Réfrigérer 30 minutes. Pendant ce temps, porter le fumet de poisson à ébullition, puis baisser le feu. Avec deux cuillères mouillées, façonner les quenelles et les faire pocher environ 15 minutes dans le fumet frémissant. Servir avec la bisque de homard chaude, si désiré.

4 PORTIONS

*NOTE : LES QUENELLES SONT SERVIES COMME PLAT PRINCIPAL EN SAUCE OU AU GRATIN, ET SERVENT PARFOIS DE GARNITURE POUR LES SOUPES. LE MOT VIENT DE L'ALLEMAND «KNÖDEL».

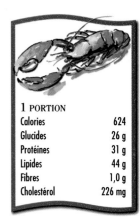

1 PORTION	
Calories	624
Glucides	26 g
Protéines	31 g
Lipides	44 g
Fibres	1,0 g
Cholestérol	226 mg

POCHÉS

*NOTE : POUR CONSERVER LEUR FRAÎCHEUR AUX ASPERGES, PLACER LES TIGES DANS DE L'EAU, LES COUVRIR D'UN SAC DE PLASTIQUE ET RÉFRIGÉRER. ELLES SE GARDERONT PENDANT UNE SEMAINE.

FLÉTAN POCHÉ AUX LÉGUMES FRAIS

2	échalotes françaises, hachées	2
125 ml	vin blanc sec	½ tasse
1 litre	fumet de poisson	4 tasses
4	tranches de flétan, de 175 g (6 oz) chacune	4
45 ml	beurre	3 c. à s.
15 ml	persil frais, haché	1 c. à s.
12	asperges fraîches*	12
4	oignons verts	4
8	carottes nouvelles	8
12	petites pommes de terre rouges	12
	sel et poivre fraîchement moulu	

∼ Mettre les échalotes, le vin et le fumet de poisson dans une casserole. Bien assaisonner, couvrir et porter à ébullition. Baisser le feu à moyen, assaisonner les tranches de flétan et les mettre à pocher dans la casserole, de 8 à 10 minutes selon leur épaisseur.

∼ Lorsque le poisson est cuit, le retirer avec une écumoire et garder au chaud.

∼ Ramener le fumet à ébullition; ajouter le beurre et le persil. Faire cuire dans le fumet chaque sorte de légume séparément, environ 4 minutes, pour qu'ils demeurent croustillants.

∼ Servir les darnes de flétan avec les légumes et le bouillon.

4 PORTIONS

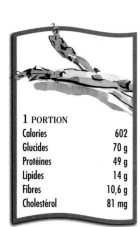

1 PORTION	
Calories	602
Glucides	70 g
Protéines	49 g
Lipides	14 g
Fibres	10,6 g
Cholestérol	81 mg

POCHÉS

Saumon poché et julienne de légumes

750 ml	fumet de poisson	3 tasses
4	darnes de saumon	4
1	petite courgette*, en julienne	1
1	poivron jaune, en julienne	1
1	poivron rouge, en julienne	1
30 ml	beurre	2 c. à s.
15 ml	persil frais, haché	1 c. à s.
	jus de ½ citron	
	sel et poivre fraîchement moulu	

~ Dans une casserole, porter le fumet de poisson à ébullition, à feu vif. Baisser le feu à doux, ajouter le saumon et faire cuire 15 minutes. Lorsque le poisson est cuit, le retirer avec une écumoire et réserver.

~ Faire chauffer le fumet à feu vif. Ajouter la julienne de légumes et faire cuire 1 minute. Ajouter le beurre, le jus de citron et le persil haché; rectifier l'assaisonnement.

~ Verser la sauce et les légumes dans un plat de service peu profond, disposer les filets par-dessus et servir avec des pâtes fraîches, si désiré.

4 PORTIONS

*Note : CHOISIR DE PRÉFÉRENCE DES PETITES COURGETTES; PLUS ELLES SONT PETITES, PLUS ELLES SONT SAVOUREUSES.

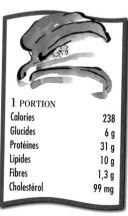

1 PORTION	
Calories	238
Glucides	6 g
Protéines	31 g
Lipides	10 g
Fibres	1,3 g
Cholestérol	99 mg

HOMARD ET AIGLEFIN, SAUCE À L'ESTRAGON

30 ml	beurre	2 c. à s.
3	échalotes françaises, émincées	3
75 ml	vin blanc sec	⅓ tasse
250 ml	fumet de poisson	1 tasse
4	filets d'aiglefin, de 115 g (¼ lb) chacun	4
8	petites queues de homard, cuites	8
30 ml	estragon frais*, haché	2 c. à s.
	sel et poivre fraîchement moulu	

∽ Faire fondre le beurre dans une casserole de taille moyenne et y faire sauter les échalotes 2 minutes.

∽ Ajouter le vin et le fumet de poisson; porter à ébullition. Baisser le feu à moyen-doux et ajouter l'aiglefin; assaisonner, couvrir et faire cuire 5 minutes. Retirer les filets avec une écumoire et garder au chaud.

∽ Baisser le feu à doux. Faire réchauffer les queues de homard 3 minutes dans le fumet de poisson. Ajouter l'estragon et laisser mijoter 3 minutes.

∽ Disposer 1 filet d'aiglefin et 2 queues de homard dans chaque assiette. Napper de sauce à l'estragon et servir avec des légumes frais et des pâtes, si désiré.

4 PORTIONS

*NOTE : IL EXISTE DEUX SORTES D'ESTRAGON. L'ESTRAGON AUX FEUILLES ÉTROITES A UNE SAVEUR DÉLICATE ET EST UTILISÉ POUR ASSAISONNER LES SALADES ET LES SOUPES; CUIT, IL AJOUTE SON PARFUM ET SERT À DÉCORER DE NOMBREUX PLATS. L'ESTRAGON RUSSE EST DE COULEUR PLUS PÂLE ET A UNE SAVEUR PLUS AMÈRE.

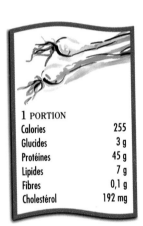

1 PORTION	
Calories	255
Glucides	3 g
Protéines	45 g
Lipides	7 g
Fibres	0,1 g
Cholestérol	192 mg

MORUE SALÉE À LA CRÉOLE

450 g	morue salée, sans arêtes	1 lb
30 ml	huile d'olive	2 c. à s.
2	oignons, hachés	2
1	poivron rouge, en dés	1
1	poivron vert, en dés	1
2	gousses d'ail, hachées	2
125 ml	vin blanc sec	½ tasse
5	grosses tomates, pelées, épépinées et hachées*	5
15 ml	thym frais, haché	1 c. à s.
30 ml	persil frais, haché	2 c. à s.
	poivre fraîchement moulu	

≈ Faire dessaler la morue dans de l'eau froide pendant 8 heures; renouveler l'eau deux fois. Mettre ensuite le poisson dans une casserole, le couvrir d'eau froide et porter à ébullition. Rincer le poisson et réserver.

≈ À feu moyen, faire chauffer l'huile dans une casserole. Baisser le feu à doux, ajouter les oignons et faire cuire 4 minutes. Ajouter les poivrons rouge et vert et l'ail; faire cuire 4 minutes. Ajouter le vin et les tomates; poursuivre la cuisson 10 minutes.

≈ Détailler la morue en morceaux et la remettre dans la casserole; faire cuire 10 minutes. Ajouter le thym et le persil; bien mélanger. Rectifier l'assaisonnement et servir sur du riz chaud.

4 PORTIONS

*NOTE : POUR PELER LES TOMATES, RETIRER LE PÉDONCULE ET, DU CÔTÉ OPPOSÉ, PRATIQUER UNE INCISION EN FORME DE CROIX DANS LA PEAU. LES METTRE ENSUITE DANS DE L'EAU BOUILLANTE 1 À 2 MINUTES, PUIS LES PELER EN COMMENÇANT PAR LE CÔTÉ INCISÉ.

1 PORTION	
Calories	216
Glucides	11 g
Protéines	25 g
Lipides	8 g
Fibres	2,6 g
Cholestérol	57 mg

*NOTE : LES BRANCHES DE CÉLERI DOIVENT ÊTRE FERMES ET VERT PÂLE. SÉPARER LES BRANCHES ET LES CONSERVER AU RÉFRIGÉRATEUR DANS UN SAC DE PLASTIQUE.

TASSERGAL POCHÉ

15 ml	beurre	1 c. à s.
2	carottes, épluchées et émincées	2
2	blancs de poireau, émincés	2
2	branches de céleri*, émincées	2
750 ml	fumet de poisson	3 tasses
1 ml	graines de fenouil	¼ c. à t.
450 g	filets de tassergal, avec la peau	1 lb
	jus de ½ citron	
	sel de mer et poivre fraîchement moulu	

~ Faire chauffer le beurre dans une casserole, à feu moyen. Y faire revenir les légumes 3 minutes. Ajouter le fumet de poisson et les graines de fenouil. Baisser le feu à moyen-doux et faire cuire sans couvrir, environ 10 minutes.

~ Mettre les filets dans le fumet, ajouter le jus de citron et faire cuire de 4 à 5 minutes, à feu doux. Avec une écumoire, retirer délicatement les filets et les servir avec les légumes et le fumet.

4 PORTIONS

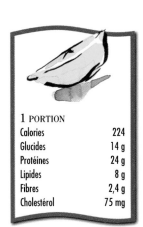

1 PORTION	
Calories	224
Glucides	14 g
Protéines	24 g
Lipides	8 g
Fibres	2,4 g
Cholestérol	75 mg

PETIT SAUMON POCHÉ AU COURT-BOUILLON ≈

1	feuille de laurier	1
6	brins de persil frais	6
6	brins d'aneth frais	6
6	brins de thym frais	6
30 ml	ciboulette fraîche, hachée	2 c. à s.
2	carottes, tranchées	2
2	blancs de poireau, tranchés	2
250 ml	vin blanc sec	1 tasse
250 ml	eau	1 tasse
1	petit saumon de 1,8 kg (4 lb)	1
	sel et poivre fraîchement moulu	
	jus de 1 citron	
	rondelles de citron	
	brins d'aneth frais, pour garnir	

≈ Mettre les fines herbes, les légumes, le vin et l'eau dans une casserole. Assaisonner et faire cuire 15 minutes, à feu doux.

≈ Verser le contenu dans une poissonnière*. Placer le poisson sur la grille de la poissonnière. Verser assez d'eau pour couvrir le saumon, puis arroser de jus de citron. Mettre la poissonnière sur la cuisinière, à feu doux, couvrir et faire cuire environ 20 minutes, ou jusqu'à ce que la chair soit ferme et presque opaque. Ne pas faire bouillir.

≈ Servir le saumon avec les rondelles de citron et des pommes de terre nouvelles cuites à la vapeur, si désiré. Garnir de brins d'aneth.

4 PORTIONS

≈≈≈≈≈≈≈≈≈≈≈≈≈≈≈≈≈≈≈

*NOTE : IL EST POSSIBLE DE REMPLACER LA POISSONNIÈRE PAR UN PLAT ALLANT AU FOUR, ASSEZ PROFOND, ET DE FAIRE CUIRE LE POISSON DANS UN FOUR PRÉCHAUFFÉ À 190 °C (375 °F), À COUVERT, PENDANT 30 MINUTES.

1 PORTION	
Calories	348
Glucides	13 g
Protéines	56 g
Lipides	8 g
Fibres	2,1 g
Cholestérol	153 mg

HOMARD POCHÉ, BEURRE À L'AIL ET AU CITRON

4	homards vivants*, de 550 g (1¼ lb) chacun	4
250 ml	beurre	1 tasse
2	gousses d'ail, hachées finement	2
30 ml	persil frais, haché	2 c. à s.
	jus de citron	

∼Plonger les homards dans une grande casserole d'eau bouillante. Faire cuire de 12 à 14 minutes, à feu moyen; ne pas porter à forte ébullition.

∼Dès que les homards sont cuits, les retirer et bien les égoutter.

∼Faire fondre le beurre dans une petite casserole; ajouter l'ail, le persil et le jus de citron, au goût. Servir les homards avec le beurre à l'ail et du riz cuit à la vapeur, si désiré.

4 PORTIONS

*NOTE : LE HOMARD EST RICHE EN POTASSIUM, EN ZINC ET EN NIACINE.

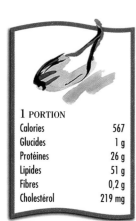

1 PORTION	
Calories	567
Glucides	1 g
Protéines	26 g
Lipides	51 g
Fibres	0,2 g
Cholestérol	219 mg

POCHÉS

~~~~~~~~~~~~~~~

*NOTE : LA RAIE, COMME LE REQUIN, DOIT ÊTRE POCHÉE DANS UNE EAU LÉGÈREMENT ACIDE AFIN D'ÉLIMINER SON GOÛT NATUREL AMMONIAQUÉ.

RAIE AU BEURRE AUX CÂPRES

675 g	raie*, parée	1½ lb
30 ml	vinaigre de vin blanc	2 c. à s.
1	carotte, tranchée	1
2	échalotes françaises, hachées	2
50 ml	beurre	¼ tasse
30 ml	câpres	2 c. à s.
30 ml	persil frais, haché	2 c. à s.
	jus de ½ citron	
	sel et poivre fraîchement moulu	

⁓ Mettre la raie dans une casserole. Couvrir d'eau et ajouter le vinaigre, la carotte et les échalotes; bien assaisonner. Porter à ébullition, baisser le feu à doux et faire cuire 15 minutes.

⁓ Retirer le poisson avec une écumoire, bien l'égoutter et le réserver sur un plat de service chaud; garder au chaud.

⁓ Faire fondre le beurre dans un poêlon, à feu vif. Y ajouter les câpres, le persil et le jus de citron; bien mélanger. Verser sur le poisson et servir avec des pommes de terre rissolées.

4 PORTIONS

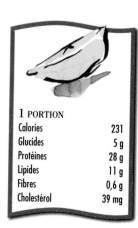

1 PORTION	
Calories	231
Glucides	5 g
Protéines	28 g
Lipides	11 g
Fibres	0,6 g
Cholestérol	39 mg

137

*NOTE : LE BOUQUET GARNI EST FAIT DE PLANTES AROMATIQUES NOUÉES ENSEMBLE. IL EST GÉNÉRALEMENT COMPOSÉ DE 3 BRINS DE PERSIL, 1 BRIN DE THYM ET 1 OU 2 FEUILLES DE LAURIER. ON PEUT ÉGALEMENT Y AJOUTER DE LA SARRIETTE, DE LA SAUGE, DU ROMARIN, DU CÉLERI OU D'AUTRES FINES HERBES.

Ajouter le bouquet garni au fumet de poisson.

Déposer la daurade dans le fumet de poisson.

Retirer le poisson avec une écumoire.

DAURADE À LA NAGE

1 litre	fumet de poisson	4 tasses
1	bouquet garni*	1
5 ml	graines de fenouil	1 c. à t.
1	daurade entière, en morceaux	1
450 g	rutabagas, pelés et en cubes	1 lb
225 g	haricots verts, équeutés et ficelés en petites quantités	½ lb
½	chou frisé, coupé en 8	½
30 ml	beurre	2 c. à s.
	sel et poivre fraîchement moulu	

⌇ Dans une grande casserole, porter le fumet de poisson à ébullition. Baisser le feu à moyen, ajouter le bouquet garni et les graines de fenouil; faire cuire 5 minutes.

⌇ Mettre les morceaux de daurade dans la casserole, assaisonner et faire cuire de 7 à 8 minutes. Retirer avec une écumoire et réserver.

⌇ Porter le fumet à ébullition, ajouter le rutabaga et faire cuire 10 minutes. Ajouter les haricots verts et le chou; poursuivre la cuisson 5 minutes.

⌇ Ajouter le beurre et remettre le poisson dans la casserole; faire réchauffer 5 minutes. Servir très chaud.

4 PORTIONS

1 PORTION	
Calories	204
Glucides	18 g
Protéines	15 g
Lipides	8 g
Fibres	5,0 g
Cholestérol	35 mg

Faire cuire le rutabaga dans le fumet.

Ajouter les haricots verts et le chou.

Remettre le poisson dans la casserole et faire réchauffer 5 minutes.

MATELOTE* D'ANGUILLE AU VIN ROUGE

60 ml	beurre	4 c. à s.
800 g	anguille, en tronçons	1¾ lb
2	oignons, tranchés	2
60 ml	cognac	4 c. à s.
375 ml	vin rouge	1½ tasse
2	brins de persil frais	2
2	brins de thym frais	2
1	feuille de laurier	1
2	gousses d'ail, hachées	2
30 ml	farine tout usage	2 c. à s.
250 ml	petits oignons blancs	1 tasse
225 g	têtes de champignons	½ lb
125 ml	lard salé, en petits morceaux, et blanchi	½ tasse
45 ml	persil frais, haché	3 c. à s.

~ Faire fondre 30 ml (2 c. à s.) de beurre dans une grande casserole, à feu moyen. Ajouter l'anguille et les oignons; faire sauter 3 minutes. Verser le cognac et porter à ébullition.

~ Ajouter le vin rouge et assez d'eau pour couvrir l'anguille. Ajouter le persil, le thym, la feuille de laurier et l'ail; faire mijoter 20 minutes, à feu doux. Retirer l'anguille avec une écumoire et la garder au chaud.

~ Porter le liquide de cuisson à ébullition. Préparer un beurre manié en mélangeant le reste du beurre avec la farine. L'ajouter graduellement au liquide, en remuant constamment. Dans un poêlon, faire sauter les petits oignons, les champignons et le lard. Les ajouter à la sauce avec l'anguille et le persil haché. Servir chaud avec des pommes de terre.

4 PORTIONS

*NOTE : LA MATELOTE EST UN RAGOÛT DE POISSON PRÉPARÉ AVEC DU VIN ROUGE OU DU VIN BLANC AINSI QUE DES AROMATES. ON LA PRÉPARE SURTOUT AVEC DE L'ANGUILLE, MAIS ON PEUT ÉGALEMENT UTILISER DE LA CARPE, DE LA TRUITE OU D'AUTRES POISSONS D'EAU DOUCE.

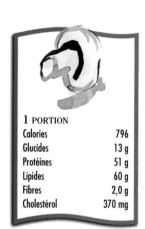

1 PORTION	
Calories	796
Glucides	13 g
Protéines	51 g
Lipides	60 g
Fibres	2,0 g
Cholestérol	370 mg

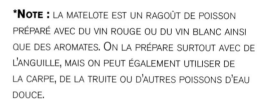

$\mathcal{S}$AUTÉS

~

Comment ne pas succomber aux poissons et aux fruits

de mer cuits à la poêle, uniformément dorés,

légèrement croustillants à l'extérieur et moelleux,

à l'intérieur?

La plupart d'entre eux se prêtent effectivement bien

à ce mode de cuisson. Pourquoi ne pas en faire

l'expérience? Nous vous suggérons, dans les pages

qui suivent, toute une variété de recettes qui

sauront sûrement vous conquérir par leur

simplicité.

FILETS DE VIVANEAU AUX POIVRONS MARINÉS

2	**gros poivrons jaunes**	2
2	**gros poivrons rouges**	2
30 ml	**huile d'olive**	2 c. à s.
30 ml	**huile d'olive extra-vierge**	2 c. à s.
2	**gousses d'ail, hachées finement**	2
15 ml	**vinaigre balsamique**	1 c. à s.
4	**filets de vivaneau, avec la peau**	4
	sel de mer et poivre* fraîchement moulu	

~ Préchauffer le four à 200 °C (400 °F). Couper les poivrons en deux et les mettre sur une rôtissoire, le côté coupé dessous. Badigeonner de 15 ml (1 c. à s.) d'huile d'olive. Faire cuire au four de 15 à 20 minutes, ou jusqu'à ce que la peau soit légèrement brunie.

~ Mettre les poivrons dans un bol, couvrir d'une pellicule de plastique et laisser refroidir 10 minutes. Retirer la peau, les membranes et les graines des poivrons. Trancher chaque demi-poivron en 4 et les mettre dans un bol. Ajouter l'huile d'olive extra-vierge, l'ail et le vinaigre balsamique. Assaisonner et faire mariner au moins 1 heure.

~ Assaisonner le poisson. Dans un grand poêlon, faire chauffer le reste de l'huile d'olive à feu moyen-vif. Ajouter le poisson et faire cuire 3 minutes de chaque côté ou jusqu'à ce que la chair soit ferme. Servir sur les poivrons marinés.

4 PORTIONS

~~~~~~~~~~~~~~~~~~~~~~~~~~~~~~~~

*NOTE : DANS UN CONTENANT HERMÉTIQUE, À L'ABRI DE LA LUMIÈRE DIRECTE, LES GRAINS DE POIVRE PEUVENT SE CONSERVER TRÈS LONGTEMPS. CEPENDANT, LE POIVRE MOULU PERD RAPIDEMENT DE SA SAVEUR ET DE SON ARÔME.

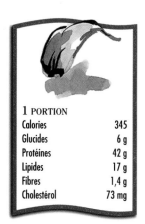

1 PORTION	
Calories	345
Glucides	6 g
Protéines	42 g
Lipides	17 g
Fibres	1,4 g
Cholestérol	73 mg

PÉTONCLES, SAUCE AU PASTIS

45 ml	beurre	3 c. à s.
2	échalotes françaises, hachées	2
550 g	pétoncles frais*	1¼ lb
60 ml	pastis	4 c. à s.
1 ml	graines de fenouil	¼ c. à t.
15 ml	cerfeuil frais, haché	1 c. à s.
250 ml	fumet de poisson	1 tasse
50 ml	crème 35 %	¼ tasse
	persil frais, haché	
	sel et poivre fraîchement moulu	

~ Faire chauffer le beurre dans un poêlon, à feu vif. Ajouter les échalotes et faire cuire 2 minutes. Ajouter les pétoncles et les faire cuire 1 minute de chaque côté.

~ Arroser du pastis et flamber. Dès que les flammes sont éteintes, retirer les pétoncles et les réserver. Ajouter les graines de fenouil, le cerfeuil haché et le fumet de poisson; assaisonner et faire cuire 2 minutes, à feu vif. Baisser le feu, ajouter la crème et faire mijoter 2 minutes.

~ Remettre les pétoncles dans le poêlon, parsemer de persil frais et faire mijoter 2 minutes. Servir avec des haricots verts, si désiré.

4 PORTIONS

*NOTE : LES PÉTONCLES SONT CUITS LORSQUE LEUR CHAIR EST OPAQUE ET QUE LEUR CENTRE SEULEMENT DEMEURE LÉGÈREMENT TRANSPARENT. ILS DEVIENDRONT CAOUTCHOUTEUX S'ILS SONT TROP CUITS.

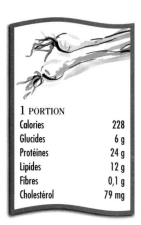

1 PORTION	
Calories	228
Glucides	6 g
Protéines	24 g
Lipides	12 g
Fibres	0,1 g
Cholestérol	79 mg

~~~~~~~~~~~~~~~

*NOTE : LE VINAIGRE DE RIZ
EST FABRIQUÉ À PARTIR DE
VIN DE RIZ ACÉTIFIÉ ET
FERMENTÉ. LE VINAIGRE DE
RIZ JAPONAIS EST CLAIR ET
RELATIVEMENT SUCRÉ, PAR
COMPARAISON AU VINAIGRE
DE RIZ CHINOIS, QUI EST
PLUS ACIDE.

AIGLEFIN À LA SAUCE NUOC-CHAM

60 ml	sauce de poisson (nuoc-mâm)	4 c. à s.
4	échalotes françaises, émincées	4
3	gousses d'ail, hachées	3
1	piment fort rouge, haché finement	1
30 ml	cassonade	2 c. à s.
30 ml	vinaigre de riz*	2 c. à s.
4	tomates, pelées, épépinées et en dés	4
30 ml	huile d'arachide	2 c. à s.
4	filets d'aiglefin, de 175 g (6 oz) chacun	4
	jus de 1 lime	
	sel de mer	

~ Au mélangeur, réduire en purée la sauce de poisson, les échalotes, l'ail, le piment fort, la cassonade, le vinaigre de riz et le jus de lime.

~ Verser la purée dans une casserole; y ajouter les tomates, assaisonner et faire cuire 10 minutes, à feu moyen-doux.

~ Faire chauffer l'huile d'arachide dans un poêlon, à feu moyen-vif. Ajouter les filets d'aiglefin, assaisonner et faire cuire 2 minutes de chaque côté. Servir les filets avec la sauce de poisson et des courgettes sautées, si désiré.

4 PORTIONS

1 PORTION	
Calories	313
Glucides	22 g
Protéines	36 g
Lipides	9 g
Fibres	2,5 g
Cholestérol	104 mg

CREVETTES SAUTÉES AU BOK-CHOY ~

450 g	grosses crevettes, décortiquées et déveinées	1 lb
30 ml	xérès	2 c. à s.
45 ml	sauce soya	3 c. à s.
30 ml	gingembre, haché finement	2 c. à s.
4	oignons verts, hachés	4
3	gousses d'ail, hachées	3
45 ml	huile d'arachide	3 c. à s.
15	champignons shiitake, tranchés	15
1	bok-choy, grossièrement haché	1
2	poivrons rouges, en cubes	2
1 ml	pâte de piment fort	¼ c. à t.

~ Dans un grand bol, mettre les crevettes, le xérès, la sauce soya, le gingembre, les oignons et l'ail. Remuer et faire mariner 30 minutes.

~ Dans un wok, faire chauffer 30 ml (2 c. à s.) d'huile d'arachide à feu vif*. Égoutter les crevettes en réservant la marinade et les faire sauter 2 minutes; retirer et réserver. Verser le reste de l'huile dans le wok. Ajouter les champignons shiitake et faire cuire 2 minutes. Ajouter le bok-choy et les poivrons rouges; poursuivre la cuisson de 4 à 5 minutes.

~ Ajouter la pâte de piment fort à la marinade réservée; verser dans le wok et faire mijoter 2 minutes. Ajouter les crevettes, bien mélanger et faire mijoter 2 minutes de plus. Servir avec du riz cuit à la vapeur.

4 PORTIONS

~~~~~~~~~~~~~~~~~~~~~~~~~~~~~~~

***NOTE :** FAIRE CHAUFFER LE WOK, Y VERSER L'HUILE D'ARACHIDE ET ATTENDRE QU'ELLE SOIT ASSEZ CHAUDE AVANT D'Y FAIRE SAUTER LES INGRÉDIENTS. SI L'HUILE N'EST PAS ASSEZ CHAUDE, LES INGRÉDIENTS ATTACHERONT AU WOK.

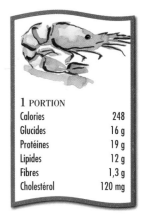

1 PORTION	
Calories	248
Glucides	16 g
Protéines	19 g
Lipides	12 g
Fibres	1,3 g
Cholestérol	120 mg

SAUTÉS

TRUITE SAUMONÉE AU COULIS D'ASPERGES ∽

1	botte d'asperges fraîches, en morceaux	1
30 ml	huile d'olive extra-vierge*	2 c. à s.
15 ml	huile d'olive	1 c. à s.
4	filets de truite saumonée, de 175 g (6 oz) chacun, sans la peau	4
	jus de ½ citron	
	ciboulette fraîche	
	sel et poivre fraîchement moulu	

∽ Faire cuire les asperges 4 minutes dans de l'eau bouillante salée. Égoutter et réserver 125 ml (½ tasse) du liquide de cuisson.

∽ Au mélangeur, réduire en purée lisse les asperges et le liquide réservé. Ajouter graduellement l'huile d'olive vierge, en remettant le mélangeur en marche après chaque addition. Filtrer la purée à travers une passoire fine et réserver.

∽ Faire chauffer l'huile d'olive dans un grand poêlon, à feu moyen-vif. Assaisonner les filets de truite et les faire cuire 2 minutes de chaque côté.

∽ Arroser les filets de jus de citron. Répartir le coulis d'asperges entre 4 assiettes et disposer les filets par-dessus. Garnir de ciboulette fraîche et servir avec des petits pâtissons jaunes, si désiré.

4 PORTIONS

∽∽∽∽∽∽∽∽∽∽∽∽∽∽∽∽∽∽∽∽∽∽

NOTE : L'HUILE D'OLIVE EXTRA-VIERGE NON RAFFINÉE EST LE PRODUIT DE LA PREMIÈRE PRESSION À FROID DES OLIVES. LA SAVEUR, LA COULEUR ET L'ARÔME SONT PURS, ET L'ACIDITÉ EST INFÉRIEURE À 1 %.

Retirer les asperges avec une écumoire, en réservant 125 ml (½ tasse) du liquide de cuisson.

Réduire en purée au mélangeur; ajouter graduellement l'huile d'olive extra-vierge.

Filtrer la purée à travers une passoire fine et réserver.

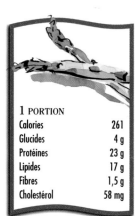

1 PORTION	
Calories	261
Glucides	4 g
Protéines	23 g
Lipides	17 g
Fibres	1,5 g
Cholestérol	58 mg

NOTE : POUR CONSERVER

LES CHAMPIGNONS PLUS

LONGTEMPS, LES PLACER

DANS UN SAC DE PAPIER

BRUN ET LES METTRE AU

RÉFRIGÉRATEUR.

THON AUX CHAMPIGNONS ET AU BEURRE AUX FINES HERBES ～

45 ml	huile d'olive	3 c. à s.
4	tranches de thon, de 175 g (6 oz) chacune	4
150 g	champignons portobello frais*, tranchés	5 oz
200 g	pleurotes fraîches, en morceaux	7 oz
60 ml	beurre	4 c. à s.
½	poivron rouge, haché	½
½	poivron jaune, haché	½
15 ml	romarin frais, haché	1 c. à s.
15 ml	ciboulette fraîche, hachée	1 c. à s.
15 ml	persil frais, haché	1 c. à s.
	sel et poivre fraîchement moulu	

～ Préchauffer le four à 150 °C (300 °F). Faire chauffer 15 ml (1 c. à s.) d'huile d'olive dans un grand poêlon, à feu moyen-vif. Y faire cuire les tranches de thon 2 minutes de chaque côté. Retirer et garder au chaud au four.

～ Ajouter 15 ml (1 c. à s.) d'huile d'olive dans le poêlon, monter le feu à vif et faire sauter les champignons portobello 3 minutes de chaque côté. Assaisonner et réserver avec le thon. Répéter l'opération avec les pleurotes.

～ Faire fondre le beurre dans le poêlon. Ajouter les poivrons et les fines herbes; bien mélanger. Servir le thon avec les champignons et le beurre aux fines herbes.

4 PORTIONS

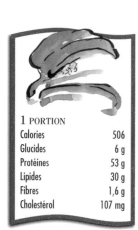

1 PORTION	
Calories	506
Glucides	6 g
Protéines	53 g
Lipides	30 g
Fibres	1,6 g
Cholestérol	107 mg

ANGUILLE À LA PROVENÇALE

30 ml	huile d'olive	2 c. à s.
600 g	anguille*, sans la peau, en morceaux de 2,5 cm (1 po)	1⅓ lb
125 ml	vin blanc sec	½ tasse
6	tomates, pelées, épépinées et en dés	6
3	gousses d'ail, hachées	3
30 ml	persil frais, haché	2 c. à s.
30 ml	thym frais, haché	2 c. à s.
	sel et poivre fraîchement moulu	

≈ Dans un grand poêlon, faire chauffer l'huile d'olive à feu moyen. Assaisonner les morceaux d'anguille et les faire sauter dans l'huile chaude, 3 minutes. Ajouter le vin blanc et laisser réduire.

≈ Baisser le feu à doux. Ajouter les tomates, l'ail, le persil et le thym; assaisonner et poursuivre la cuisson 10 minutes.

≈ Servir avec des pommes de terre rissolées, si désiré.

4 PORTIONS

*NOTE : LES ANGUILLES PONDENT LEURS ŒUFS DANS LA MER DES SARGASSES. LES LARVES, OU LEPTOCÉPHALES, SONT TRANSPORTÉES PAR LE GOLFE STREAM VERS LES CÔTES DE L'EUROPE, OÙ ELLES REMONTENT LES RUISSEAUX ET LES RIVIÈRES. CE PARCOURS PREND DE 2 À 3 ANS.

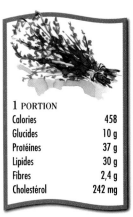

1 PORTION	
Calories	458
Glucides	10 g
Protéines	37 g
Lipides	30 g
Fibres	2,4 g
Cholestérol	242 mg

CREVETTES À LA MODE DE SINGAPOUR

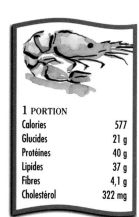

1 PORTION	
Calories	577
Glucides	21 g
Protéines	40 g
Lipides	37 g
Fibres	4,1 g
Cholestérol	322 mg

2	piments forts rouges, épépinés	2
6	échalotes françaises	6
4	gousses d'ail	4
1	morceau de gingembre frais de 5 cm (2 po), épluché	1
1	morceau de curcuma* frais de 2,5 cm (1 po), épluché	1
1	tige de citronnelle, hachée	1
30 ml	pâte de tomate	2 c. à s.
125 ml	eau	½ tasse
30 ml	huile d'arachide	2 c. à s.
675 g	grosses crevettes, décortiquées et déveinées, les queues intactes	1½ lb
500 ml	crème de coco	2 tasses
	sel de mer	

~ Au mélangeur, réduire en purée les piments forts, les échalotes, l'ail, le gingembre, le curcuma, la citronnelle, la pâte de tomate et l'eau.

~ Faire chauffer l'huile à feu vif, dans un grand poêlon. Y faire cuire les crevettes 2 minutes, en 2 fois; réserver.

~ Verser la purée dans la poêle et porter à ébullition. Ajouter la crème de coco et faire mijoter 5 minutes. Rectifier l'assaisonnement et servir les crevettes avec la sauce et des nouilles aux œufs, si désiré.

4 PORTIONS

CARPE SAUTÉE AUX POIS MANGE-TOUT

15 ml	huile végétale	1 c. à s.
450 g	filets de carpe*, sans la peau et tranchés	1 lb
2	oignons, coupés en 2 et émincés	2
1	morceau de gingembre frais de 5 cm (2 po), en julienne	1
2	gousses d'ail, hachées	2
225 g	pois mange-tout	½ lb
1	poivron rouge, émincé	1
1	poivron jaune, émincé	1
50 ml	sauce soya	¼ tasse
30 ml	xérès sec	2 c. à s.
30 ml	ciboulette à l'ail, hachée	2 c. à s.

∼ Faire chauffer un poêlon à feu vif. Ajouter l'huile; y faire frire la carpe 1 minute.

∼ Ajouter les oignons, le gingembre et l'ail; poursuivre la cuisson 2 minutes. Ajouter les pois mange-tout et les poivrons; faire cuire 2 minutes.

∼ Ajouter la sauce soya, le xérès et la ciboulette. Bien mélanger et servir immédiatement.

4 PORTIONS

*NOTE : LA SAVEUR DE LA CARPE, PLUS QUE CELLE DE TOUT AUTRE POISSON, EST DIRECTEMENT RELIÉE À SON HABITAT. PARCE QU'ELLE VIT DANS DES EAUX PEU PROFONDES, COMME LES LACS ET LES ÉTANGS, SA CHAIR PEUT AVOIR UN ARRIÈRE-GOÛT DE BOUE. C'EST POURQUOI LA CARPE D'ÉLEVAGE CONVIENT SOUVENT MIEUX.

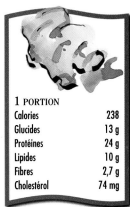

1 PORTION	
Calories	238
Glucides	13 g
Protéines	24 g
Lipides	10 g
Fibres	2,7 g
Cholestérol	74 mg

DARNES DE SAUMON ET ENDIVES, SAUCE AU BASILIC

30 ml	huile d'olive	2 c. à s.
4	darnes de saumon, de 175 g (6 oz) chacune	4
4	échalotes françaises, hachées	4
4	endives*, émincées	4
250 ml	vin blanc sec	1 tasse
125 ml	fumet de poisson	½ tasse
250 ml	crème 35 %	1 tasse
250 ml	feuilles de basilic frais	1 tasse
	sel de mer et poivre fraîchement moulu	

~ Préchauffer le four à 100 °C (200 °F).

~ Faire chauffer l'huile à feu vif, dans un grand poêlon. Baisser le feu à moyen et faire cuire les darnes de saumon 5 minutes de chaque côté. Retirer les darnes et les conserver au chaud, au four.

~ Mettre les échalotes et les endives dans le poêlon et faire cuire 3 minutes (ajouter un peu d'huile au besoin). Mouiller avec le vin et le fumet de poisson; faire mijoter jusqu'à ce que la sauce réduise de moitié.

~ Ajouter la crème et faire cuire 5 minutes, à feu moyen. Assaisonner et ajouter les feuilles de basilic; poursuivre la cuisson 2 minutes. Napper de sauce les darnes de saumon et servir avec du riz, si désiré.

4 PORTIONS

~~~~~~~~~~~~~~~~~~~~~~~~~~~~~~

*NOTE : POUR ÉVITER QUE LES ENDIVES NE DEVIENNENT VERTES, LES CONSERVER DANS UN ENDROIT SOMBRE OU DANS LE PAPIER BLEU DANS LEQUEL ELLES SONT SOUVENT EMBALLÉES.

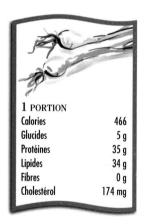

1 PORTION	
Calories	466
Glucides	5 g
Protéines	35 g
Lipides	34 g
Fibres	0 g
Cholestérol	174 mg

CREVETTES SAUTÉES À L'AÏOLI

1	poivron rouge, coupé en 2 et épépiné	1
4	gousses d'ail, hachées finement	4
1	jaune d'œuf	1
280 ml	huile d'olive extra-vierge	1 tasse + 2 c. à s.
675 g	crevettes fraîches de taille moyenne*, décortiquées et déveinées, la queue intacte	1½ lb
	jus de 1 citron	
	pain français grillé	
	sel et poivre fraîchement moulu	

∾ Préchauffer le four à 200 °C (400 °F).

∾ Badigeonner d'huile les moitiés de poivron et les placer sur une plaque à pâtisserie, le côté coupé vers le bas. Faire cuire au four 15 minutes. Mettre dans un bol, couvrir d'une pellicule de plastique et laisser refroidir 10 minutes.

∾ Peler les poivrons et réduire leur chair en purée, au mélangeur. Ajouter l'ail et le jaune d'œuf. Ajouter graduellement 250 ml (1 tasse) d'huile, en remettant le mélangeur en marche après chaque addition. L'aïoli devrait devenir très épais. Ajouter le jus de citron et assaisonner.

∾ Faire chauffer 15 ml (1 c. à s.) d'huile à feu vif, dans un grand poêlon. Faire cuire la moitié des crevettes 2 minutes de chaque côté; retirer et réserver. Verser le reste de l'huile et faire cuire le reste des crevettes.

∾ Servir les crevettes avec des haricots verts frais et des tranches de pain grillées garnies d'aïoli.

4 PORTIONS

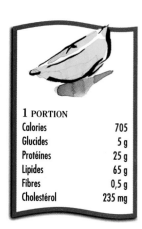

1 PORTION	
Calories	705
Glucides	5 g
Protéines	25 g
Lipides	65 g
Fibres	0,5 g
Cholestérol	235 mg

SAUTÉS

~~~~~~~~~~~~~~~~~~~

*NOTE : POUR CONSERVER
LEUR FRAÎCHEUR AUX
CREVETTES, BIEN LES RINCER
À L'EAU FROIDE, LES
ÉGOUTTER ET LES METTRE
AU RÉFRIGÉRATEUR DANS
UN CONTENANT HERMÉTIQUE.
ON PEUT AINSI LES GARDER
2 JOURS.

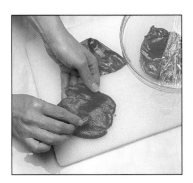

Peler les poivrons refroidis.

Au mélangeur, réduire les
poivrons en purée, puis ajouter
l'ail et le jaune d'œuf.

Incorporer graduellement
250 ml (1 tasse) d'huile d'olive.

ROUGET, SAUCE AUX CHAMPIGNONS ET AU THYM

15 ml	huile d'arachide	1 c. à s.
900 g	filets de rouget, avec la peau	2 lb
30 ml	beurre	2 c. à s.
1	blanc de poireau*, en dés	1
2	échalotes françaises, hachées	2
225 g	champignons, en dés	½ lb
½	poivron rouge, en dés	½
250 ml	bouillon de poulet	1 tasse
30 ml	thym frais, haché	2 c. à s.
	sel et poivre fraîchement moulu	

~ Faire chauffer l'huile à feu vif, dans un grand poêlon, et y faire cuire les filets de rouget environ 2 minutes de chaque côté, le côté peau en premier. Retirer et réserver.

~ Mettre dans le poêlon 15 ml (1 c. à s.) de beurre. Ajouter le poireau et les échalotes et faire cuire 2 minutes. Ajouter les champignons et le poivron; poursuivre la cuisson 2 minutes. Verser le bouillon de poulet, le reste du beurre et le thym; rectifier l'assaisonnement.

~ Remettre les filets dans la sauce et servir.

4 PORTIONS

*NOTE : LES POIREAUX SONT PLUS FACILES À NETTOYER SI ON LES FEND D'ABORD DANS LE SENS DE LA LONGUEUR.

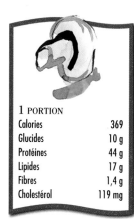

1 PORTION	
Calories	369
Glucides	10 g
Protéines	44 g
Lipides	17 g
Fibres	1,4 g
Cholestérol	119 mg

SOLE DE DOUVRES À L'ORANGE ≈

4	soles de Douvres entières, de 200 g (7 oz) chacune	4
75 ml	beurre clarifié	5 c. à s.
4	échalotes françaises, hachées	4
30 ml	cerfeuil frais, haché	2 c. à s.
	zeste* de 1 orange, en fine julienne	
	jus de 2 oranges	
	sel et poivre fraîchement moulu	

≈ Assaisonner les soles.

≈ Pour chaque sole, dans un grand poêlon, faire fondre 15 ml (1 c. à s.) de beurre, à feu moyen. Monter le feu à moyen-vif, faire sauter les soles, une à la fois, 5 minutes de chaque côté, en ajoutant 15 ml (1 c. à s.) de beurre pour chaque poisson. Retirer et garder au chaud.

≈ Faire fondre le reste du beurre dans le poêlon, à feu moyen. Y faire sauter les échalotes 1 minute. Ajouter le cerfeuil, le zeste d'orange et le jus d'orange; bien mélanger. Verser la sauce sur les soles et servir.

4 PORTIONS

≈≈≈≈≈≈≈≈≈≈≈≈≈≈≈≈≈≈≈≈≈≈

*NOTE : LE ZESTE EST L'ÉCORCE COLORÉE DU FRUIT. LA PARTIE BLANCHE DE L'ÉCORCE A UN GOÛT AMER. NE PAS L'INCORPORER AVEC LE ZESTE.

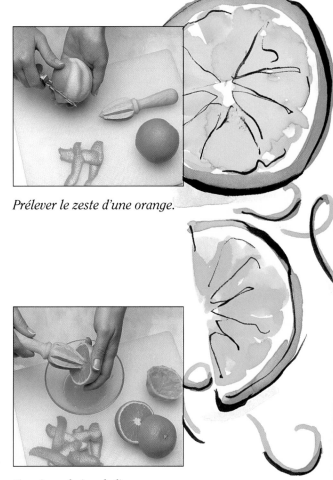

Prélever le zeste d'une orange.

Exprimer le jus de l'orange.

Couper le zeste en fine julienne.

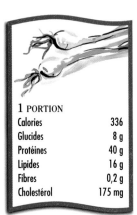

1 PORTION	
Calories	336
Glucides	8 g
Protéines	40 g
Lipides	16 g
Fibres	0,2 g
Cholestérol	175 mg

CALMARS AU POIVRE NOIR ET À L'AIL

800 g	calmars frais*	1¾ lb
30 ml	huile d'olive	2 c. à s.
3	gousses d'ail, hachées	3
15 ml	grains de poivre noir, concassés	1 c. à s.
30 ml	persil frais, haché	2 c. à s.
	jus de 1 citron	
	sel de mer	

➤ Préparer les calmars (voir p. 12). Les fendre en 2 dans le sens de la longueur et pratiquer de légères incisions en forme de petits croisillons sur chaque morceau.

➤ Faire chauffer l'huile à feu moyen, dans un poêlon. Y faire sauter les calmars en 2 fois, 2 minutes, en les retournant souvent.

➤ Remettre tous les calmars dans le poêlon. Ajouter l'ail et le poivre ; faire cuire 1 minute. Ajouter le persil et le jus de citron. Rectifier l'assaisonnement et servir chaud.

4 PORTIONS

NOTE : LE CALMAR EST RICHE EN RIBOFLAVINE ET EN VITAMINE B_{12}.

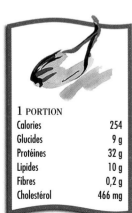

1 PORTION	
Calories	254
Glucides	9 g
Protéines	32 g
Lipides	10 g
Fibres	0,2 g
Cholestérol	466 mg

*NOTE : LE VINAIGRE
BALSAMIQUE VIENT D'ITALIE.
PRODUIT À PARTIR DE RAISINS
BLANCS, ON LE LAISSE
VIEILLIR DANS DES TONNEAUX,
CE QUI LUI DONNE UNE
COULEUR FONCÉE.

SAUMON AUX AVELINES ET AU CRESSON

125 ml	avelines entières	½ tasse
4	filets de saumon de 150 g (⅓ lb) chacun, avec la peau	4
30 ml	huile d'olive	2 c. à s.
20 ml	vinaigre balsamique*	4 c. à t.
60 ml	huile d'olive extra-vierge	4 c. à s.
2	bottes de cresson	2
	sel et poivre fraîchement moulu	

~ Préchauffer le four à 190 °C (375 °F). Mettre les avelines sur une plaque à pâtisserie et les faire griller au four environ 6 minutes, ou jusqu'à ce qu'elles soient légèrement dorées. Les sortir du four, les laisser refroidir, puis les hacher grossièrement et réserver.

~ Assaisonner les filets de saumon des deux côtés. Faire chauffer l'huile à feu vif, dans un grand poêlon. Y déposer les filets, le côté peau dessous, et faire cuire 5 minutes, à feu moyen-vif. Retourner les filets, baisser le feu à moyen et poursuivre la cuisson 5 minutes. Les retourner de nouveau et faire cuire de 2 à 5 minutes, selon le degré de cuisson désiré.

~ Mélanger le vinaigre balsamique et l'huile d'olive extra-vierge. Ajouter le cresson et les avelines; assaisonner et bien mélanger. Servir le saumon avec la salade de cresson et d'avelines.

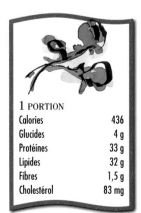

1 PORTION	
Calories	436
Glucides	4 g
Protéines	33 g
Lipides	32 g
Fibres	1,5 g
Cholestérol	83 mg

4 PORTIONS

PÉTONCLES, SAUCE AU PECORINO ET AU PESTO

375 ml	feuilles de basilic frais	1½ tasse
3	gousses d'ail, hachées grossièrement	3
125 ml	fromage pecorino*, râpé	½ tasse
125 ml	parmesan, râpé	½ tasse
280 ml	huile d'olive	1 tasse + 2 c. à s.
550 g	pétoncles frais	1¼ lb
225 g	champignons portobello, tranchés	½ lb
	sel et poivre fraîchement moulu	
	jus de ½ citron	
	pâtes fraîches, cuites *al dente*	

≈ Au mélangeur ou au robot culinaire, réduire en purée le basilic, l'ail et les deux fromages. Ajouter graduellement 250 ml (1 tasse) d'huile d'olive, en remettant l'appareil en marche après chaque addition. Réserver le pesto.

≈ Faire chauffer 15 ml (1 c. à s.) d'huile d'olive à feu vif, dans un poêlon. Assaisonner les pétoncles et les faire cuire dans l'huile chaude, 1 minute de chaque côté. Retirer et réserver.

≈ Verser le reste de l'huile dans le poêlon. Saler et poivrer les champignons et les faire cuire environ 4 minutes, à feu vif.

≈ Remettre les pétoncles dans le poêlon, ajouter le jus de citron et faire mijoter 2 minutes, à feu doux. Servir avec le pesto et des pâtes fraîches.

4 PORTIONS

*NOTE : LE PECORINO EST UN FROMAGE ITALIEN FAIT DE LAIT DE BREBIS, TANDIS QUE LE PARMESAN, ÉGALEMENT UN FROMAGE ITALIEN, EST FAIT DE LAIT DE VACHE. CE SONT DES FROMAGES À PÂTE TRÈS DURE ET GRANULEUSE; ILS SONT SURTOUT UTILISÉS RÂPÉS.

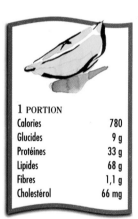

1 PORTION	
Calories	780
Glucides	9 g
Protéines	33 g
Lipides	68 g
Fibres	1,1 g
Cholestérol	66 mg

FILETS DE TASSERGAL AUX TOMATILLES

450 g	tomatilles*	1 lb
2	oignons verts, hachés	2
1	gousse d'ail, hachée	1
30 ml	coriandre fraîche, hachée	2 c. à s.
1	piment jalapeño, haché finement	1
½	poivron rouge, haché finement	½
4	filets de tassergal de 200 g (7 oz) chacun, avec la peau	4
30 ml	huile d'arachide	2 c. à s.
	jus de 2 limes	
	tomates cerises, pour garnir	
	sel et poivre fraîchement moulu	

∽ Retirer la membrane des tomatilles et les faire cuire 10 minutes dans de l'eau bouillante salée. Les égoutter et les réduire en purée au mélangeur avec les oignons verts, l'ail, la coriandre, le piment jalapeño et le jus de lime. Ajouter le poivron rouge, assaisonner et réserver.

∽ Couper chaque filet en 2 et assaisonner. Faire chauffer l'huile à feu vif, dans un poêlon, et y faire cuire le poisson 3 minutes de chaque côté. Servir le tassergal sur la sauce aux tomatilles et garnir de tomates cerises.

4 PORTIONS

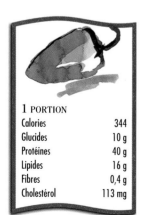

1 PORTION	
Calories	344
Glucides	10 g
Protéines	40 g
Lipides	16 g
Fibres	0,4 g
Cholestérol	113 mg

ESPADON SAUTÉ AU CONCASSÉ DE LÉGUMES

45 ml	huile d'olive	3 c. à s.
1	oignon, en dés	1
1	petite aubergine, en dés	1
1	courgette verte, en dés	1
1	courgette jaune, en dés	1
1	poivron rouge, en dés	1
2	gousses d'ail*, hachées finement	2
15 ml	thym frais, haché	1 c. à s.
4	tranches d'espadon, de 175 g (6 oz) chacune	4
	sel de mer et poivre fraîchement moulu	
	huile au basilic (voir p. 252)	

⁓ Pour préparer le concassé, faire chauffer 30 ml (2 c. à s.) d'huile d'olive à feu moyen-vif, dans un grand poêlon. Ajouter l'oignon et l'aubergine et faire cuire 3 minutes. Ajouter les courgettes et poursuivre la cuisson 2 minutes. Ajouter le poivron rouge et l'ail; faire cuire 2 minutes. Assaisonner et ajouter le thym; remuer et réserver.

⁓ Assaisonner le poisson des deux côtés. Faire chauffer le reste de l'huile à feu moyen-vif et y faire cuire le poisson 4 à 5 minutes de chaque côté.

⁓ Arroser l'espadon de quelques gouttes d'huile au basilic et le servir avec le concassé.

4 PORTIONS

*NOTE : LE GERME VERT AU CENTRE DE LA GOUSSE D'AIL EST AMER ET DIFFICILE À DIGÉRER. ON DOIT DONC LE RETIRER.

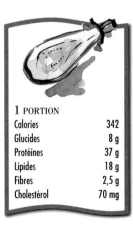

1 PORTION	
Calories	342
Glucides	8 g
Protéines	37 g
Lipides	18 g
Fibres	2,5 g
Cholestérol	70 mg

TURBOT MEUNIÈRE AUX AMANDES GRILLÉES

125 ml	amandes effilées	½ tasse
125 ml	farine tout usage	½ tasse
450 g	filets de turbot	1 lb
60 ml	beurre clarifié*	4 c. à s.
30 ml	persil frais, haché	2 c. à s.
	jus de 1 citron	
	sel et poivre fraîchement moulu	

≈ Préchauffer le four à 190 °C (375 °F). Mettre les amandes sur une plaque à pâtisserie et les faire dorer au four 3 à 4 minutes. Assaisonner la farine et en enrober le turbot.

≈ Faire chauffer 15 ml (1 c. à s.) de beurre clarifié à feu vif, dans un grand poêlon. Baisser le feu à moyen-vif et faire cuire les filets 2 minutes de chaque côté. Dresser dans un plat de service.

≈ Mettre dans le poêlon le reste du beurre, le persil, le jus de citron et les amandes grillées. Bien mélanger et verser sur le poisson. Servir immédiatement, avec du citron.

4 PORTIONS

*NOTE : LE BEURRE ABSORBE LES ODEURS. IL FAUT LE CONSERVER AU RÉFRIGÉRATEUR, DANS UN CONTENANT HERMÉTIQUE. LE BEURRE SALÉ SE CONSERVE 1 MOIS; LE BEURRE NON SALÉ SE CONSERVE 2 SEMAINES.

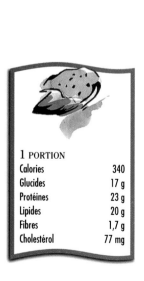

1 PORTION	
Calories	340
Glucides	17 g
Protéines	23 g
Lipides	20 g
Fibres	1,7 g
Cholestérol	77 mg

*NOTE : ON TROUVE LES MÉLANGES D'ÉPICES CAJUNS DANS LA PLUPART DES ÉPICERIES ET DES SUPERMARCHÉS. ILS SONT GÉNÉRALEMENT COMPOSÉS D'AIL, D'OIGNON, DE PIMENTS FORTS, DE POIVRE NOIR, DE MOUTARDE ET DE CÉLERI.

POMPANO NOIRCI À LA MODE CAJUN ≈

15 ml	paprika	1 c. à s.
5 ml	piment de Cayenne	1 c. à t.
15 ml	mélange d'épices cajun*	1 c. à s.
4	filets de pompano, de 175 g (6 oz) chacun	4
30 ml	huile d'arachide	2 c. à s.
	sel de mer	

∼ Mélanger le paprika, le piment de Cayenne et les épices cajuns. Saler les filets de pompano des 2 côtés et les saupoudrer d'épices.

∼ Faire chauffer l'huile à feu vif, dans un grand poêlon, et y faire cuire les filets environ 4 minutes de chaque côté. Le poisson doit être noirci lorsqu'il est cuit. Servir les filets de pompano avec des pommes de terre nouvelles et du maïs frais, si désiré.

4 PORTIONS

1 PORTION	
Calories	369
Glucides	2 g
Protéines	34 g
Lipides	25 g
Fibres	0 g
Cholestérol	90 mg

POISSON ET FRUITS DE MER SAUTÉS À LA CHINOISE

30 ml	huile végétale	2 c. à s.
1	poivron vert, en cubes	1
3	branches de céleri, émincées	3
1	brocoli, en bouquets	1
300 g	filets de lotte*, en morceaux	⅔ lb
225 g	crevettes	½ lb
300 g	pattes de crabe, en morceaux	⅔ lb
2	gousses d'ail, hachées finement	2
4	oignons verts, hachés	4
5 ml	fécule de maïs	1 c. à t.
30 ml	sauce soya	2 c. à s.
75 ml	eau	⅓ tasse
15 ml	cassonade	1 c. à s.
5 ml	pâte de piments	1 c. à t.
5 ml	huile de sésame	1 c. à t.

~ Faire chauffer un wok à feu moyen-vif; lorsqu'il est chaud, ajouter l'huile. Monter le feu à vif, faire sauter le poivron vert, le céleri et le brocoli pendant 2 minutes. Retirer les légumes et réserver.

~ Faire cuire la lotte 2 minutes dans le wok, à feu vif. Ajouter les crevettes et les pattes de crabe; poursuivre la cuisson 2 minutes. Remettre les légumes dans le wok, puis ajouter l'ail et les oignons verts. Bien mélanger et faire cuire 2 minutes.

~ Dans un bol, mélanger la fécule de maïs, la sauce soya, l'eau, la cassonade, la pâte de piments et l'huile de sésame. Verser dans le wok et faire cuire 2 minutes, jusqu'à ce que la sauce épaississe. Parsemer de graines de sésame, si désiré, et servir.

4 PORTIONS

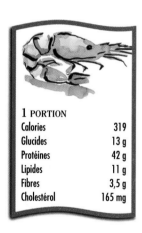

1 PORTION	
Calories	319
Glucides	13 g
Protéines	42 g
Lipides	11 g
Fibres	3,5 g
Cholestérol	165 mg

Faire sauter les légumes à feu vif dans le wok.

Faire cuire la lotte à feu vif.

Ajouter les crevettes et les pattes de crabe.

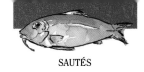

~~~~~~~~~~~~~~

*NOTE : LA LOTTE A
UNE CHAIR MAIGRE ET
SAVOUREUSE. ON L'APPRÊTE
SOUVENT COMME DE
LA VIANDE ET ON PEUT LA
FAIRE SAUTER, GRILLER OU
CUIRE AU FOUR.

Remettre les légumes dans le wok.

Ajouter l'ail et les oignons verts.

Ajouter le mélange à la fécule de maïs dans le wok et faire cuire jusqu'à ce que la sauce épaississe.

LANGOUSTINES À L'ITALIENNE

30 ml	huile d'olive	2 c. à s.
32	petites langoustines*, décortiquées et déveinées	32
3	échalotes françaises, hachées	3
2	gousses d'ail, hachées	2
125 ml	vin blanc sec	½ tasse
6	grosses tomates, pelées, épépinées et hachées	6
30 ml	basilic frais, haché	2 c. à s.
	sel et poivre fraîchement moulu	

≈ Faire chauffer l'huile à feu vif, dans un poêlon. Ajouter les langoustines et bien assaisonner. Faire cuire 2 minutes, en remuant une fois. Retirer les langoustines et réserver.

≈ Ajouter les échalotes et l'ail dans le poêlon chaud; faire cuire 1 minute. Verser le vin et poursuivre la cuisson 2 minutes. Ajouter les tomates et le basilic; bien assaisonner et faire cuire de 6 à 8 minutes, à feu moyen-doux.

≈ Remettre les langoustines dans le poêlon et bien mélanger. Rectifier l'assaisonnement, faire mijoter 2 minutes et servir.

4 PORTIONS

*NOTE : LA LANGOUSTINE EST UNE SORTE DE GROSSE CREVETTE ITALIENNE. LES SCAMPI FRITTI (PASSÉS DANS LA PÂTE À CRÊPE ET FRITES) SONT LA PRÉPARATION LA PLUS COURANTE.

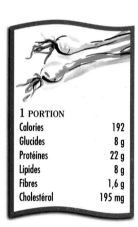

1 PORTION	
Calories	192
Glucides	8 g
Protéines	22 g
Lipides	8 g
Fibres	1,6 g
Cholestérol	195 mg

À L'ÉTUVÉE

~

Impossible de résister au goût exquis d'un poisson

ou de fruits de mer ayant mijoté sur un lit de légumes

et d'aromates. Ainsi imprégnée d'un parfum subtil,

leur chair délicate n'en est que plus savoureuse!

Vous prendrez plaisir à préparer les prochaines

recettes. Rapides à réaliser, elles sauront

certainement vous séduire, tant par leur goût

raffiné que par leur arôme délicieux.

RAGOÛT DE FRUITS DE MER AU SAFRAN

250 ml	vin blanc sec	1 tasse
60 ml	huile d'olive	4 c. à s.
2	blancs de poireau, coupés en 2 et émincés	2
2	gousses d'ail, hachées	2
2	pincées de safran	2
15 ml	pâte de tomate	1 c. à s.
1,5 litre	fumet de poisson	6 tasses
2	tourteaux, coupés en 4	2
12	grosses crevettes, décortiquées et déveinées	12
225 g	filets de bar*	½ lb
6	tomates italiennes, pelées, épépinées et hachées	6
1	poivron rouge, en dés	1
8	moules, brossées, ébarbées et lavées	8
8	palourdes, lavées	8
15 ml	basilic frais, haché	1 c. à s.
15 ml	thym frais, haché	1 c. à s.
15 ml	romarin frais, haché	1 c. à s.
	sel et poivre fraîchement moulu	

∾ Verser le vin dans une grande cocotte. Ajouter l'huile d'olive, le poireau et l'ail; couvrir et faire cuire 6 à 7 minutes, à feu moyen. Ajouter le safran, la pâte de tomate et le fumet de poisson; porter à ébullition.

∾ Ajouter les crabes et faire cuire 8 minutes, à feu moyen. Ajouter les crevettes, le bar, les tomates et le poivron rouge; poursuivre la cuisson 5 minutes.

∾ Déposer les moules et les palourdes sur le dessus, couvrir et faire cuire 5 minutes, ou jusqu'à ce que les coquilles s'ouvrent. Jeter les coquillages qui ne sont pas ouverts.

∾ Ajouter les fines herbes, rectifier l'assaisonnement et servir.

4 PORTIONS

*NOTE : LE BAR S'APPELLE ÉGALEMENT LOUP DE MER, PARCE QUE C'EST UN PRÉDATEUR FÉROCE. SA CHAIR EST TRÈS MAIGRE ET DÉLICATE.

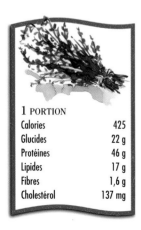

1 PORTION	
Calories	425
Glucides	22 g
Protéines	46 g
Lipides	17 g
Fibres	1,6 g
Cholestérol	137 mg

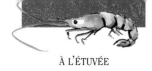

CURRY D'AIGLEFIN À LA MODE DU BENGALE

30 ml	ghee (beurre clarifié)	2 c. à s.
1	oignon, haché finement	1
5 ml	cumin moulu	1 c. à t.
5 ml	coriandre moulue	1 c. à t.
5 ml	curcuma moulu	1 c. à t.
15 ml	garam masala*	1 c. à s.
2	gousses d'ail, hachées finement	2
10 ml	pâte de tomate	2 c. à t.
375 ml	crème de coco	1½ tasse
550 g	filet d'aiglefin, en cubes	1¼ lb
	sel et poivre fraîchement moulu	

∼ Dans une casserole de taille moyenne, faire fondre le ghee à feu moyen. Ajouter l'oignon, le cumin, la coriandre et le curcuma; faire cuire 3 minutes, en remuant. Ajouter le garam masala, l'ail et la pâte de tomate. Bien mélanger.

∼ Ajouter la crème de coco, rectifier l'assaisonnement et faire mijoter 8 minutes. Ajouter l'aiglefin, couvrir et faire cuire 7 minutes. Servir avec du pain naan, des haricots verts et du riz basmati.

4 PORTIONS

*NOTE : LE GARAM MASALA EST UN MÉLANGE D'ÉPICES UTILISÉ TRÈS COURAMMENT DANS LE NORD DE L'INDE. IL EST GÉNÉRALEMENT COMPOSÉ DE GRAINES DE CUMIN NOIRES ET BLANCHES, DE GRAINES DE CORIANDRE, DE CARDAMOME NOIRE, DE FEUILLES DE LAURIER, DE GRAINS DE POIVRE NOIR, DE MUSCADE RÂPÉE, DE CLOUS DE GIROFLE ET DE BÂTONS DE CANNELLE. CES INGRÉDIENTS SONT FRITS ET MOULUS EN UNE FINE POUDRE.

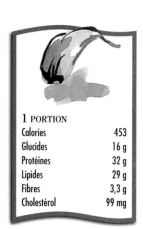

1 PORTION	
Calories	453
Glucides	16 g
Protéines	32 g
Lipides	29 g
Fibres	3,3 g
Cholestérol	99 mg

PAPRIKACHE* DE LOTTE

15 ml	huile d'olive	1 c. à s.
2	oignons, hachés finement	2
15 ml	paprika**	1 c. à s.
600 g	lotte, en cubes	1⅓ lb
3	gousses d'ail, hachées	3
250 ml	fumet de poisson	1 tasse
8	tomates, pelées, épépinées et hachées	8
30 ml	pâte de tomate	2 c. à s.
90 ml	crème sure	6 c. à s.
30 ml	persil frais, haché	2 c. à s.
	sel et poivre fraîchement moulu	

≈ Faire chauffer l'huile à feu moyen, dans un grand poêlon. Y ajouter les oignons et le paprika et faire cuire 10 minutes. Assaisonner la lotte et la mettre dans le poêlon avec l'ail; bien remuer.

≈ Mouiller avec le fumet de poisson et porter à ébullition. Baisser le feu à doux et ajouter les tomates et la pâte de tomate. Bien assaisonner, couvrir et faire cuire 20 minutes.

≈ Ajouter la crème sure et le persil haché; mélanger et servir chaud.

4 PORTIONS

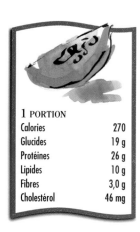

1 PORTION	
Calories	270
Glucides	19 g
Protéines	26 g
Lipides	10 g
Fibres	3,0 g
Cholestérol	46 mg

Faire revenir les oignons et le paprika 10 minutes.

Ajouter la lotte assaisonnée et l'ail.

Mouiller avec le fumet de poisson.

*NOTE : LE PAPRIKACHE EST UN RAGOÛT HONGROIS FAIT À BASE DE VIANDE OU DE POISSON, DE PAPRIKA ET DE CRÈME SURE.

****LE PAPRIKA PEUT ÊTRE FORT, MOYEN OU DOUX, DE COULEUR BRUN ROUGEÂTRE.

Ajouter les tomates.

Ajouter la pâte de tomate.

Incorporer la crème sure et le persil, juste avant de servir.

CREVETTES AUX OIGNONS CARAMÉLISÉS

30 ml	huile d'olive	2 c. à s.
4	oignons*, coupés en 2 et tranchés	4
2	gousses d'ail, hachées	2
50 ml	vin blanc sec	¼ tasse
125 ml	bouillon de poulet	½ tasse
15 ml	thym frais, haché	1 c. à s.
600 g	crevettes fraîches de taille moyenne, décortiquées et déveinées	1⅓ lb
	sel et poivre fraîchement moulu	

~ Faire chauffer l'huile à feu moyen-doux, dans une casserole de taille moyenne. Y ajouter les oignons et les faire cuire 10 minutes, ou jusqu'à ce qu'ils soient dorés.

~ Ajouter l'ail et le vin blanc; poursuivre la cuisson 3 minutes. Ajouter le bouillon de poulet, assaisonner et faire cuire 5 minutes.

~ Ajouter le thym et les crevettes et faire cuire 5 minutes, à feu moyen. Servir avec du riz cuit à la vapeur et des rapinis sautés, si désiré.

4 PORTIONS

*NOTE : LES OIGNONS ONT UNE FAIBLE TENEUR EN CALORIES ET SONT RICHES EN SOUFRE ET EN VITAMINE C.

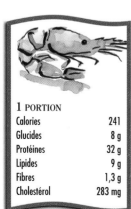

1 PORTION	
Calories	241
Glucides	8 g
Protéines	32 g
Lipides	9 g
Fibres	1,3 g
Cholestérol	283 mg

~~~~~~~~~~~~~~~~

*NOTE : LA MUSCADE EST
PLUS PARFUMÉE LORSQU'ELLE
EST FRAÎCHEMENT RÂPÉE.

RAIE AU CITRON ET À LA MUSCADE

45 ml	beurre	3 c. à s.
2	échalotes françaises, hachées	2
125 ml	vin blanc sec	½ tasse
250 ml	fumet de poisson	1 tasse
15 ml	muscade fraîchement râpée*	1 c. à s.
4	ailes de raie, de 115 g (¼ lb) chacune	4
1	citron, pelé et haché	1
15 ml	thym frais, haché	1 c. à s.
	jus de 1 citron	
	sel de mer et poivre fraîchement moulu	

~ Faire fondre 15 ml (1 c. à s.) de beurre dans un poêlon et faire sauter les échalotes 2 minutes, à feu moyen. Ajouter le vin, porter à ébullition et faire cuire 2 minutes. Ajouter le fumet de poisson et la muscade.

~ Assaisonner la raie et la mettre dans le poêlon, 2 ailes à la fois. Couvrir et faire cuire 7 minutes, à feu moyen.

~ Retirer le poisson et le garder au chaud. Ajouter au liquide de cuisson le reste du beurre, le jus de citron, le citron haché et le thym; faire cuire 1 minute. Servir la raie avec la sauce au citron et à la muscade. Garnir de rondelles de citron, si désiré.

4 PORTIONS

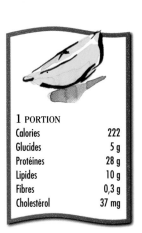

1 PORTION	
Calories	222
Glucides	5 g
Protéines	28 g
Lipides	10 g
Fibres	0,3 g
Cholestérol	37 mg

À L'ÉTUVÉE

*NOTE : POUR FAIRE CUIRE LES ŒUFS SANS BRISER LA COQUILLE, LES METTRE DANS UNE CASSEROLE D'EAU FROIDE, PORTER À ÉBULLITION ET FAIRE CUIRE 10 MINUTES. PLONGER LES ŒUFS DURS 7 À 8 MINUTES DANS L'EAU FROIDE. RETIRER LA COQUILLE PENDANT QU'ILS SONT ENCORE TIÈDES.

Faire revenir l'oignon.

Ajouter les têtes de calmars.

Mélanger la chapelure, le parmesan, les œufs, les anchois, les pignons, le reste de l'huile d'olive et le mélange à l'oignon.

CALMARS FARCIS SUR COULIS DE TOMATES ~

8	calmars frais, de taille moyenne	8
45 ml	huile d'olive	3 c. à s.
1	oignon, haché finement	1
2	gousses d'ail, hachées	2
125 ml	chapelure	½ tasse
125 ml	parmesan râpé	½ tasse
2	œufs durs*, hachés	2
2	anchois, hachés	2
45 ml	pignons, rôtis et hachés	3 c. à s.
750 ml	sauce tomate	3 tasses
30 ml	coriandre fraîche, hachée	2 c. à s.
	sel et poivre fraîchement moulu	

~ Préparer les calmars (voir p. 12); hacher les têtes. Faire chauffer 15 ml (1 c. à s.) d'huile d'olive dans un poêlon, à feu moyen. Y faire revenir l'oignon 5 minutes. Ajouter les têtes de calmars et l'ail; faire cuire 1 minute.

~ Dans un bol, mélanger la chapelure, le parmesan, les œufs, les anchois, les pignons et le reste de l'huile d'olive. Ajouter le mélange à l'oignon, poivrer et bien mélanger.

~ Farcir le corps des calmars avec cette préparation et maintenir en place avec des cure-dents.

~ Faire chauffer la sauce tomate à feu moyen; y déposer délicatement les calmars farcis. Faire mijoter 3 minutes, retourner les calmars et faire cuire 2 minutes. Ajouter la coriandre fraîche, rectifier l'assaisonnement et servir immédiatement.

4 PORTIONS

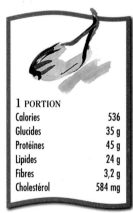

1 PORTION	
Calories	536
Glucides	35 g
Protéines	45 g
Lipides	24 g
Fibres	3,2 g
Cholestérol	584 mg

Farcir les calmars.

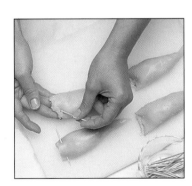

Maintenir en place avec des cure-dents.

Mettre les calmars farcis dans la sauce tomate.

Pétoncles au curry de Madras*

30 ml	ghee (beurre clarifié)	2 c. à s.
3	échalotes françaises, hachées finement	3
30 ml	poudre de curry de Madras*	2 c. à s.
5 ml	curcuma, moulu	1 c. à t.
5 ml	farine tout usage	1 c. à t.
250 ml	fumet de poisson	1 tasse
125 ml	crème de coco	½ tasse
550 g	pétoncles frais	1¼ lb

Faire chauffer le ghee dans un poêlon, à feu moyen. Baisser le feu à doux, puis faire revenir les échalotes 3 minutes. Saupoudrer du curry et du curcuma; bien mélanger. Poursuivre la cuisson 2 minutes, en remuant fréquemment.

Ajouter la farine et faire cuire 1 minute. Monter le feu à moyen; mouiller avec le fumet de poisson et faire cuire 2 minutes. Ajouter la crème de coco et faire cuire 10 minutes. Ajouter les pétoncles, bien mélanger et faire mijoter 4 minutes. Servir avec des haricots verts et des pommes de terre rouges.

4 PORTIONS

*NOTE : CHAQUE RÉGION DE L'INDE POSSÈDE SON PROPRE MÉLANGE D'ÉPICES POUR FABRIQUER LE CURRY. CELUI DE MADRAS EST GÉNÉRALEMENT FAIT DE PIMENTS FORTS, DE GRAINES DE CORIANDRE, DE GRAINES DE CUMIN, DE GINGEMBRE, DE GRAINES DE MOUTARDE NOIRE, DE FENUGREC, DE CURCUMA ET DE POIVRE NOIR.

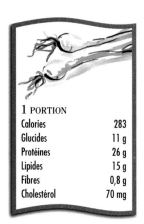

1 PORTION	
Calories	283
Glucides	11 g
Protéines	26 g
Lipides	15 g
Fibres	0,8 g
Cholestérol	70 mg

ESPADON EN SAUCE TOMATE

30 ml	huile d'olive	2 c. à s.
10	tomates italiennes, pelées et tranchées	10
2	gousses d'ail, pelées et tranchées	2
125 ml	sauce tomate	½ tasse
30 ml	origan frais, haché	2 c. à s.
4	tranches d'espadon* de 175 g (6 oz) chacune	4
	sel et poivre fraîchement moulu	

~ Faire chauffer l'huile à feu moyen, dans un poêlon à fond épais. Baisser le feu à doux, ajouter les tomates et les faire cuire 8 minutes.

~ Ajouter l'ail, la sauce tomate et l'origan; bien assaisonner et faire cuire 5 minutes, à feu moyen.

~ Assaisonner le poisson des deux côtés, le mettre dans le poêlon et couvrir. Faire cuire 5 minutes de chaque côté, ou selon l'épaisseur. Servir avec la sauce tomate et des tranches de courgettes, si désiré.

4 PORTIONS

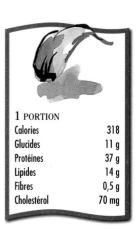

1 PORTION	
Calories	318
Glucides	11 g
Protéines	37 g
Lipides	14 g
Fibres	0,5 g
Cholestérol	70 mg

MÉROU À LA VERACRUZ ~

15 ml	huile d'olive	1 c. à s.
2	oignons, émincés	2
1	gousse d'ail, hachée	1
4	tomates, pelées, épépinées et hachées	4
1 ml	cannelle moulue	¼ c. à t.
1 ml	clou de girofle moulu	¼ c. à t.
2	piments jalapeño, épépinés et hachés	2
30 ml	câpres	2 c. à s.
450 g	filets de mérou, en cubes	1 lb
12	olives vertes*, en quartiers	12
12	olives noires*, en quartiers	12
	jus et zeste de ½ citron	
	sel de mer et poivre fraîchement moulu	

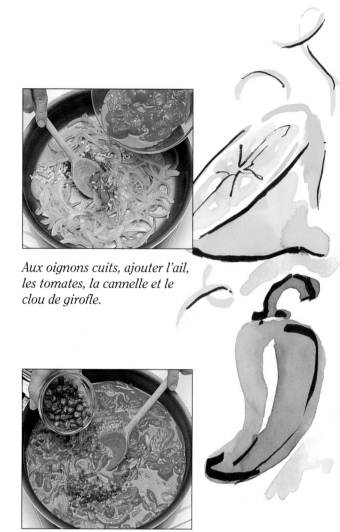

Aux oignons cuits, ajouter l'ail, les tomates, la cannelle et le clou de girofle.

~ Faire chauffer l'huile à feu moyen, dans un poêlon. Baisser le feu à doux, ajouter les oignons, couvrir et faire cuire 8 minutes. Ajouter l'ail, les tomates, la cannelle et le clou de girofle ; poursuivre la cuisson 10 minutes, à couvert.

~ Ajouter les piments jalapeño, les câpres, le jus et le zeste de citron ; bien mélanger. Assaisonner les cubes de mérou et les mettre dans le poêlon. Couvrir et faire cuire environ 6 minutes.

~ Ajouter les olives, rectifier l'assaisonnement et poursuivre la cuisson 2 minutes.

~ Servir très chaud avec du riz ou des pommes de terre.

Ajouter les piments jalapeño, les câpres, le jus et le zeste de citron.

4 PORTIONS

*NOTE : POUR CONSERVER LEUR FRAÎCHEUR AUX OLIVES, LES METTRE DANS UN CONTENANT NON MÉTALLIQUE, LES COUVRIR D'HUILE OU D'EAU ET LES GARDER AU RÉFRIGÉRATEUR.

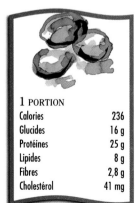

1 PORTION	
Calories	236
Glucides	16 g
Protéines	25 g
Lipides	8 g
Fibres	2,8 g
Cholestérol	41 mg

Assaisonner les cubes de mérou et les mettre dans le poêlon.

FLÉTAN AU SÉSAME ET AU GINGEMBRE

2	oignons, émincés	2
1	morceau de gingembre frais de 2,5 cm (1 po), épluché et en julienne	1
30 ml	cassonade	2 c. à s.
30 ml	graines de sésame	2 c. à s.
15 ml	huile de sésame*	1 c. à s.
60 ml	sauce soya	4 c. à s.
250 ml	fumet de poisson	1 tasse
150 g	champignons, émincés	⅓ lb
4	carottes, émincées	4
3	branches de céleri, émincées	3
600 g	filets de flétan	1⅓ lb
30 ml	ciboulette fraîche, hachée	2 c. à s.
	sel et poivre fraîchement moulu	

~ Dans un poêlon, mélanger les oignons, le gingembre, la cassonade, les graines de sésame, l'huile de sésame, la sauce soya et le fumet de poisson. Faire cuire 5 minutes, à feu moyen. Ajouter les champignons, les carottes et le céleri; poivrer et bien mélanger.

~ Assaisonner les filets de flétan. Les disposer sur les légumes, couvrir et faire cuire 10 minutes, à feu moyen. Retourner le poisson et faire cuire 5 minutes, ou jusqu'au degré de cuisson désiré. Parsemer de ciboulette fraîche et servir.

4 PORTIONS

*NOTE : L'HUILE DE SÉSAME EST UTILISÉE SOUVENT DANS LA CUISINE ASIATIQUE. IL EN EXISTE PLUSIEURS VARIÉTÉS. L'HUILE DE SÉSAME PÂLE A UNE DÉLICATE SAVEUR DE NOIX. LA VARIÉTÉ FONCÉE, FAITE DE GRAINES DE SÉSAME GRILLÉES, A UNE SAVEUR PLUS PRONONCÉE.

1 PORTION	
Calories	375
Glucides	24 g
Protéines	45 g
Lipides	11 g
Fibres	4,3 g
Cholestérol	62 mg

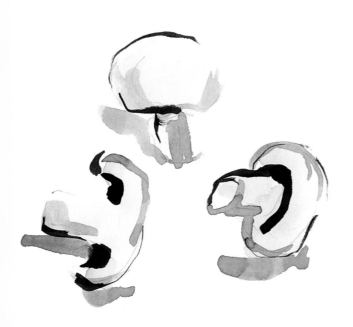

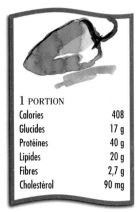

1 PORTION	
Calories	408
Glucides	17 g
Protéines	40 g
Lipides	20 g
Fibres	2,7 g
Cholestérol	90 mg

REQUIN À LA LOUISIANAISE

60 ml	huile d'arachide	4 c. à s.
2	feuilles de laurier	2
125 ml	céleri, haché finement	½ tasse
4	darnes de requin, de 175 g (6 oz) chacune	4
2	oignons, hachés	2
5 ml	cumin moulu	1 c. à t.
5 ml	poudre de chili	1 c. à t.
6	tomates, pelées, épépinées et hachées	6
1	piment jalapeño*, épépiné et haché finement	1
2	gousses d'ail, hachées	2
4	oignons verts, émincés	4
	jus de 2 limes	
	sel et poivre fraîchement moulu	

≈ Dans un plat peu profond, mélanger le jus de lime, 45 ml (3 c. à s.) d'huile d'arachide, les feuilles de laurier et le céleri. Ajouter les darnes de requin et faire mariner 2 heures.

≈ Faire chauffer le reste de l'huile dans un poêlon, à feu moyen. Ajouter les oignons et les faire sauter 3 minutes. Ajouter le cumin et la poudre de chili; faire cuire 2 minutes. Ajouter les tomates, le piment jalapeño et l'ail; poursuivre la cuisson 5 minutes.

≈ Assaisonner les darnes de requin. Les disposer sur les légumes dans le poêlon, couvrir et faire cuire 20 minutes, à feu doux. Retourner les darnes et poursuivre la cuisson 15 minutes. Ajouter les oignons verts et rectifier l'assaisonnement; bien mélanger et servir.

4 PORTIONS

FRICASSÉE DE LOTTE ET DE POMMES DE TERRE

30 ml	huile d'olive	2 c. à s.
5	oignons*, coupés en 2 et émincés	5
500 ml	fumet de poisson	2 tasses
4	grosses pommes de terre, pelées et en fines tranches	4
2	gousses d'ail, hachées	2
600 g	lotte, coupée en gros morceaux	1⅓ lb
125 ml	persil frais, haché	½ tasse
	sel de mer et poivre fraîchement moulu	

≈ Faire chauffer l'huile dans un grand poêlon. Ajouter les oignons, couvrir et faire cuire 10 minutes, à feu doux. Ajouter le fumet de poisson, les pommes de terre et l'ail. Assaisonner et poursuivre la cuisson 10 minutes.

≈ Assaisonner les morceaux de lotte et les mettre dans le poêlon; poursuivre la cuisson 7 minutes. Ajouter le persil, bien mélanger et servir très chaud.

4 PORTIONS

*NOTE : C'EST L'ACIDE SULFURIQUE CONTENU DANS LES OIGNONS QUI IRRITE LES YEUX. POUR EN ATTÉNUER L'EFFET, LES PLACER 1 HEURE AU RÉFRIGÉRATEUR OU 10 MINUTES AU CONGÉLATEUR AVANT DE LES TRANCHER.

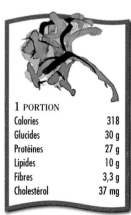

1 PORTION	
Calories	318
Glucides	30 g
Protéines	27 g
Lipides	10 g
Fibres	3,3 g
Cholestérol	37 mg

Au four

Pour transformer un simple repas en expérience

gastronomique, rien de tel qu'un bon poisson ou

des fruits de mer cuits au four! Ils acquièrent ainsi

une saveur et une texture uniques qui vous mettront

assurément l'eau à la bouche!

Cette méthode de cuisson est certainement

l'une des plus simples et des plus faciles.

Sans compter que les résultats sont toujours

délectables! Ainsi, lorsque vous aurez goûté

aux recettes de ce chapitre, vous ne pourrez plus

vous en passer.

TOURTE AU POISSON ET AUX FRUITS DE MER

1 litre	fumet de poisson	4 tasses
2	pommes de terre, en cubes	2
4	carottes, coupées en 2 dans le sens de la longueur, et émincées	4
2	blancs de poireau, émincés	2
225 g	pétoncles frais	½ lb
225 g	morue fraîche	½ lb
45 ml	beurre	3 c. à s.
45 ml	farine tout usage	3 c. à s.
3	gousses d'ail, hachées finement	3
30 ml	persil frais, haché	2 c. à s.
225 g	chair de crabe fraîche	½ lb
250 ml	petits pois	1 tasse
225 g	pâte brisée*	½ lb
1	jaune d'œuf, battu	1
	sel et poivre fraîchement moulu	

~ Verser le fumet de poisson dans une casserole et porter à ébullition; ajouter les pommes de terre et faire cuire 5 minutes. Ajouter les carottes et le poireau; poursuivre la cuisson 5 minutes. Retirer les légumes et réserver.

~ Faire pocher les pétoncles et la morue 2 minutes, dans le fumet frémissant. Retirer et réserver.

~ Préchauffer le four à 200 °C (400 °F).

~ Faire fondre le beurre dans une autre casserole, ajouter la farine et faire cuire 1 minute, à feu doux. Au fouet, incorporer le fumet de poisson et porter à ébullition, en remuant constamment, jusqu'à l'obtention d'une sauce onctueuse. Ajouter l'ail et le persil; bien assaisonner.

~ Remettre les légumes, la morue et les pétoncles dans la sauce; ajouter la chair de crabe et les petits pois. Bien mélanger et mettre dans un plat allant au four.

~ Abaisser la pâte et en recouvrir le plat. Pratiquer deux fentes dans la pâte pour que la vapeur puisse s'échapper et badigeonner la surface avec le jaune d'œuf. Faire cuire au four environ 35 minutes, jusqu'à ce que la pâte soit dorée.

4 PORTIONS

~~~~~~~~~~~~~~~~~~~~

*NOTE : LA PÂTE BRISÉE EST SÈCHE ET LÉGÈRE. C'EST LA BASE CLASSIQUE POUR LES TARTES ET LES PÂTÉS. ON PEUT LA FAIRE AVEC OU SANS ŒUFS, ET ON PEUT ÉGALEMENT SE LA PROCURER SURGELÉE.

1 PORTION	
Calories	503
Glucides	45 g
Protéines	38 g
Lipides	19 g
Fibres	6,0 g
Cholestérol	168 mg

MÉDAILLONS DE LOTTE AU CHOU DE MILAN

500 ml	chou frisé, émincé	2 tasses
450 g	lotte, parée et coupée en cubes	1 lb
4	échalotes françaises, hachées finement	4
60 ml	xérès sec	4 c. à s.
30 ml	beurre	2 c. à s.
4	brins de thym frais	4
4	morceaux de papier ciré, pour la cuisson au four	4
	sel de mer* et poivre fraîchement moulu	

∼ Préchauffer le four à 220 °C (425 °F).

∼ Blanchir le chou environ 30 secondes, dans de l'eau bouillante salée. Le plonger dans l'eau froide, bien l'égoutter et l'assécher.

∼ Plier en 2 chaque feuille de papier ciré et les découper en demi-cercle. Déplier de façon à obtenir un cercle. Déposer des cubes de lotte sur chaque moitié de cercle. Couvrir de chou et d'échalotes, arroser d'un peu de xérès, garnir d'une noisette de beurre et d'un brin de thym. Bien assaisonner.

∼ Replier l'autre demi-cercle par-dessus la farce et rouler les côtés pour refermer les papillotes.

∼ Disposer les papillotes sur une plaque de cuisson et les faire cuire 10 minutes. Servir immédiatement.

4 PORTIONS

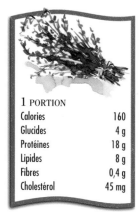

1 PORTION	
Calories	160
Glucides	4 g
Protéines	18 g
Lipides	8 g
Fibres	0,4 g
Cholestérol	45 mg

AU FOUR

*NOTE : L'EXPRESSION «EN PAPILLOTE» SERT À DÉCRIRE UNE PRÉPARATION CUITE ET SERVIE DANS DU PAPIER CIRÉ OU DU PAPIER D'ALUMINIUM. SERVIR LES PAPILLOTES DÈS LA SORTIE DU FOUR. LES CONVIVES OUVRIRONT CHACUN LA LEUR ET HUMERONT LE RICHE ARÔME QUI S'EN DÉGAGE.

BAR RAYÉ ET CHANTERELLES EN PAPILLOTES*

45 ml	beurre	3 c. à s.
100 g	chanterelles fraîches, émincées	3½ oz
4	échalotes françaises, hachées finement	4
4	filets de bar rayé, d'environ 150 g (⅓ lb) chacun, sans la peau	4
30 ml	ciboulette fraîche, hachée	2 c. à s.
	jus de ½ citron	
	sel de mer et poivre fraîchement moulu	

⮑ Préchauffer le four à 230 °C (450 °F).

⮑ Faire fondre 15 ml (1 c. à s.) de beurre dans un poêlon, à feu moyen-vif. Y faire sauter les chanterelles 3 minutes; assaisonner. Baisser le feu à moyen-doux, ajouter les échalotes et poursuivre la cuisson 2 minutes.

⮑ Beurrer 4 feuilles de papier ciré allant au four; y répartir la moitié du mélange aux champignons. Disposer les filets par-dessus, 1 par papillote, et couvrir du reste des champignons. Arroser de jus de citron et parsemer de ciboulette; bien assaisonner et ajouter une noisette de beurre. Fermer les papillotes en repliant les côtés pour conserver les jus à l'intérieur.

⮑ Déposer les papillotes sur une plaque à pâtisserie beurrée et faire cuire 10 minutes, au four. Servir chaud.

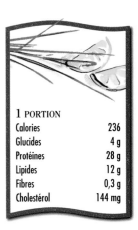

1 PORTION	
Calories	236
Glucides	4 g
Protéines	28 g
Lipides	12 g
Fibres	0,3 g
Cholestérol	144 mg

4 PORTIONS

TRUITE AUX BETTES

4	filets de truite, de 100 g (3½ oz) chacun, sans la peau	4
2	échalotes françaises, hachées	2
30 ml	beurre	2 c. à s.
6	feuilles de bettes*, blanchies	6
125 ml	vin blanc sec	½ tasse
250 ml	fumet de poisson	1 tasse
150 ml	crème 35 %	⅔ tasse
15 ml	beurre	1 c. à s.
2	carottes, en julienne et cuites	2
	sel de mer et poivre fraîchement moulu	

∼ Assaisonner un filet de truite, le parsemer d'échalote et de quelques noisettes de beurre et le couvrir d'un autre filet ; couper le tout en six morceaux. Répéter l'opération avec les deux autres filets de truite.

∼ Mettre chaque morceau sur une feuille de bette et bien emballer. Réserver.

∼ Préchauffer le four à 200 °C (400 °F).

∼ Verser le vin blanc et le fumet de poisson dans un plat allant au four. Y déposer les morceaux de truite emballés. Couvrir et faire cuire 12 minutes au four. Retirer les morceaux de truite.

∼ Transférer le liquide de cuisson dans une petite casserole et le faire cuire 5 minutes, à feu moyen. Ajouter la crème, battre au fouet et poursuivre la cuisson 5 minutes. Ajouter 15 ml (1 c. à s.) de beurre et battre légèrement au fouet. Servir les morceaux de truite emballés avec la sauce et la julienne de carottes.

4 PORTIONS

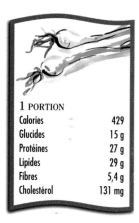

1 PORTION	
Calories	429
Glucides	15 g
Protéines	27 g
Lipides	29 g
Fibres	5,4 g
Cholestérol	131 mg

Couvrir le filet de truite garni d'un autre filet.

Détailler en 6 morceaux.

Emballer chaque morceau dans une feuille de bette.

~~~~~~~~~~~~~

*NOTE : LA BETTE EST
UNE VARIÉTÉ DE BETTERAVE.
CUITES, LES FEUILLES ONT
UNE SAVEUR DÉLICATE.
ON PEUT LEUR CONSERVER
LEUR FRAÎCHEUR EN LES
GARDANT AU RÉFRIGÉRATEUR,
DANS UN SAC DE PLASTIQUE.

*Déposer les morceaux emballés
dans le vin et le fumet de
poisson.*

*Ajouter la crème et battre au
fouet.*

*Ajouter le beurre et battre
légèrement.*

QUICHE AUX PALOURDES ET À LA PANCETTA

24	palourdes fraîches, lavées	24
15 ml	beurre	1 c. à s.
100 g	pancetta*, en dés	3½ oz
1	oignon, haché	1
1	abaisse de pâte brisée	1
250 ml	fromage provolone, râpé	1 tasse
50 ml	crème 35 %	¼ tasse
4	œufs, battus	4
30 ml	ciboulette fraîche, hachée	2 c. à s.
	sel et poivre fraîchement moulu	

～ Faire cuire les palourdes dans une casserole, à feu moyen, environ 7 minutes, ou jusqu'à ce qu'elles s'ouvrent. Retirer les palourdes des coquilles et jeter toutes celles qui ne sont pas ouvertes. Réserver le jus des palourdes. Couper les palourdes en deux et réserver.

～ Faire fondre le beurre dans un poêlon; y faire revenir la pancetta 3 minutes, à feu moyen. Ajouter l'oignon et poursuivre la cuisson 3 minutes; retirer du feu et réserver.

～ Préchauffer le four à 190 °C (375 °F).

～ Beurrer un moule à quiche et y déposer l'abaisse. Y mettre la pancetta, l'oignon et les palourdes; parsemer de fromage.

～ Ajouter au jus des palourdes suffisamment de crème pour obtenir 250 ml (1 tasse); ajouter le liquide aux œufs battus. Assaisonner et ajouter la ciboulette. Bien mélanger et verser sur le fromage.

～ Faire cuire la quiche au four environ 40 minutes, ou jusqu'à ce qu'elle soit dorée.

4 PORTIONS

*NOTE : LA PANCETTA EST UN BACON ITALIEN SÉCHÉ AVEC DU SEL ET DES ÉPICES, MAIS NON FUMÉ. ELLE SE CONSERVE 3 SEMAINES AU RÉFRIGÉRATEUR DANS DE LA PELLICULE DE PLASTIQUE, OU 6 MOIS AU CONGÉLATEUR.

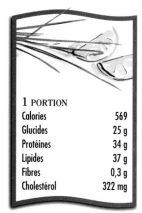

1 PORTION	
Calories	569
Glucides	25 g
Protéines	34 g
Lipides	37 g
Fibres	0,3 g
Cholestérol	322 mg

ROUGETS AUX AGRUMES ET AUX POIVRONS

30 ml	huile d'olive	2 c. à s.
1	oignon, émincé	1
5 ml	coriandre moulue	1 c. à t.
1	poivron rouge, en dés	1
1	poivron jaune, en dés	1
1	pamplemousse, épluché et coupé en quartiers	1
60 ml	jus de pamplemousse	4 c. à s.
30 ml	jus de lime	2 c. à s.
8	petits rougets*, de 100 g (3½ oz) chacun	8
125 ml	olives vertes	½ tasse
	sel et poivre fraîchement moulu	

~ Préchauffer le four à 180 °C (350 °F).

~ Faire chauffer l'huile à feu moyen, dans un poêlon. Y faire revenir l'oignon et la coriandre 3 minutes. Ajouter les poivrons et poursuivre la cuisson 2 minutes.

~ Assaisonner et ajouter les quartiers de pamplemousse, le jus de pamplemousse et le jus de lime.

~ Assaisonner les rougets et les mettre dans un plat allant au four. Verser dessus la sauce aux jus de fruits et les légumes. Ajouter les olives, couvrir de papier d'aluminium et faire cuire 15 minutes, au four.

4 PORTIONS

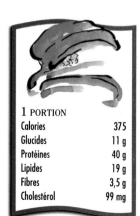

1 PORTION	
Calories	375
Glucides	11 g
Protéines	40 g
Lipides	19 g
Fibres	3,5 g
Cholestérol	99 mg

AU FOUR

POMPANO AUX LÉGUMES ET À L'AIL RÔTI

30 ml	huile d'olive	2 c. à s.
8	gousses d'ail*	8
1	aubergine, en dés	1
225 g	champignons frais, émincés	½ lb
2	tomates, épépinées et coupées en dés	2
15 ml	origan frais, haché	1 c. à s.
4	filets de pompano, de 175 g (6 oz) chacun	4
	sel et poivre fraîchement moulu	

∼ Préchauffer le four à 230 °C (450 °F).

∼ Faire chauffer l'huile d'olive à feu moyen, dans une casserole. Ajouter l'ail et l'aubergine, bien assaisonner et faire cuire 4 minutes. Ajouter les champignons et poursuivre la cuisson 3 minutes.

∼ Ajouter les tomates et l'origan. Mettre les légumes dans un plat rectangulaire allant au four. Assaisonner les filets et les disposer sur les légumes, en une seule couche. Couvrir de papier d'aluminium et faire cuire 10 minutes au four. Servir chaud.

4 PORTIONS

*NOTE : LES GOUSSES D'AIL CUITES AU FOUR SE CONSERVENT TRÈS BIEN AU RÉFRIGÉRATEUR, COUVERTES D'HUILE ET PLACÉES DANS UN CONTENANT HERMÉTIQUE. ON PEUT LES AROMATISER AVEC DU THYM ET/OU DES FEUILLES DE LAURIER.

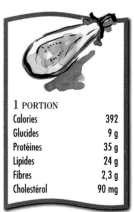

1 PORTION	
Calories	392
Glucides	9 g
Protéines	35 g
Lipides	24 g
Fibres	2,3 g
Cholestérol	90 mg

ROULEAUX DE SARDINES AU THYM ET AU FROMAGE ⁓

24	sardines fraîches*	24
1	gousse d'ail, hachée	1
1	oignon, haché finement	1
15 ml	persil frais, haché	1 c. à s.
30 ml	thym frais, haché	2 c. à s.
50 ml	chapelure	¼ tasse
125 ml	parmesan frais, râpé	½ tasse
125 ml	fromage ricotta	½ tasse
15 ml	huile d'olive	1 c. à s.
	sel et poivre fraîchement moulu	

⁓ Préparer les sardines (voir p. 10).

⁓ Préchauffer le four à 200 °C (400 °F).

⁓ Dans un bol, mélanger l'ail, l'oignon, le persil, le thym, la chapelure, le parmesan et la ricotta; saler et poivrer. Déposer les sardines ouvertes, le côté peau en dessous, sur une planche à découper, et les assaisonner.

⁓ Déposer une bonne cuillerée à thé de farce au fromage à l'extrémité large de chaque sardine. Rouler les sardines, en commençant par l'extrémité large et en terminant par la queue. Maintenir en place avec un cure-dents.

⁓ Huiler légèrement le fond d'un plat allant au four et y disposer les sardines; faire cuire au four, 10 à 12 minutes.

4 PORTIONS

⁓⁓⁓⁓⁓⁓⁓⁓⁓⁓⁓⁓⁓⁓⁓⁓⁓⁓⁓⁓⁓

*NOTE : LE MOT SARDINE VIENT DU GREC ANCIEN «SARDINÊ», QUI SIGNIFIE POISSON DE SARDAIGNE, LÀ OÙ LES SARDINES ABONDAIENT.

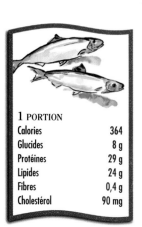

1 PORTION	
Calories	364
Glucides	8 g
Protéines	29 g
Lipides	24 g
Fibres	0,4 g
Cholestérol	90 mg

Mélanger l'ail, l'oignon, le persil, le thym, la chapelure, le parmesan et la ricotta.

Déposer une bonne cuillerée à thé de farce sur l'extrémité la plus large de chaque sardine.

Rouler délicatement et maintenir en place avec un cure-dents.

AU FOUR

BRANDADE* DE MORUE ET PAIN GRILLÉ À L'AIL

900 g	morue salée	2 lb
400 ml	huile d'olive	1⅔ tasse
125 ml	lait 2 %	½ tasse
125 ml	crème 35 %	½ tasse
1	pain français, tranché	1
2	gousses d'ail, coupées en 2	2
	sel et poivre blanc	

∼ Faire tremper la morue 12 heures dans de l'eau froide, en changeant l'eau 2 ou 3 fois. La couper en cubes et les mettre dans une casserole remplie d'eau froide; porter à ébullition. Baisser le feu à moyen et faire cuire 10 minutes.

∼ Préchauffer le four à 200 °C (400 °F).

∼ Égoutter la morue; en retirer la peau et les arêtes; émietter la chair.

∼ Faire chauffer 30 ml (2 c. à s.) d'huile d'olive dans une casserole à fond épais. Y faire cuire la morue 8 minutes, à feu doux, en remuant. Retirer du feu et incorporer le lait et la crème. Assaisonner et ajouter graduellement le reste de l'huile d'olive, sans cesser de remuer, jusqu'à ce que la brandade ait une consistance lisse et crémeuse.

∼ Verser la brandade dans un plat allant au four, enfourner et faire cuire 10 minutes. Faire légèrement griller les tranches de pain et les frotter avec le côté coupé des gousses d'ail. Servir la brandade sur les croûtons.

4 PORTIONS

*NOTE : LA BRANDADE EST UNE SPÉCIALITÉ DES RÉGIONS FRANÇAISES DU LANGUEDOC ET DE LA PROVENCE. CE MOT VIENT DU PROVENÇAL «BRANDAR», QUI SIGNIFIE REMUER.

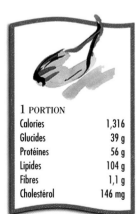

1 PORTION	
Calories	1,316
Glucides	39 g
Protéines	56 g
Lipides	104 g
Fibres	1,1 g
Cholestérol	146 mg

AU FOUR

~~~~~~~~~~~~~~~

*NOTE : APRÈS AVOIR ÉVISCÉRÉ LE POISSON, RETIRER LA VEINE DE SANG COAGULÉ DE L'ARÊTE DORSALE À L'AIDE DE LA POINTE D'UN COUTEAU.

TASSERGAL EN CROÛTE DE SEL

1	tassergal entier, de 1,8 kg (4 lb), paré*	1
900 g	gros sel	2 lb

VINAIGRETTE AU CITRON ET À LA CIBOULETTE

50 ml	jus de citron	¼ tasse
15 ml	moutarde à l'ancienne	1 c. à s.
250 ml	huile d'olive	1 tasse
30 ml	ciboulette hachée finement	2 c. à s.
	sel de mer et poivre fraîchement moulu	

~ Dans un bol, mélanger le jus de citron et la moutarde. Assaisonner. Au fouet, incorporer l'huile d'olive en un mince filet. Ajouter la ciboulette et bien mélanger.

~ Préchauffer le four à 220 °C (425 °F).

~ Tapisser de gros sel un plat ovale de fonte émaillée ou de céramique. Disposer le tassergal dans le plat et recouvrir du reste de gros sel.

~ Faire cuire au four 45 minutes. Retirer du four et briser la croûte de sel qui s'est formée sur le dessus. Retirer la peau du tassergal et le fileter. Servir avec de la vinaigrette au citron et à la ciboulette.

4 PORTIONS

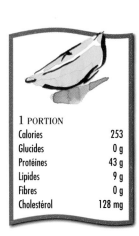

1 PORTION	
Calories	253
Glucides	0 g
Protéines	43 g
Lipides	9 g
Fibres	0 g
Cholestérol	128 mg

211

CHAUSSONS AUX FRUITS DE MER ET AUX POIVRONS

8	feuilles de pâte filo*	8
125 ml	beurre fondu	½ tasse
8	pétoncles frais, de taille moyenne	8
12	crevettes de taille moyenne, décortiquées et déveinées	12
1	poivron rouge, en dés	1
1	poivron jaune, en dés	1
1	bulbe de fenouil, en dés	1
	sel et poivre fraîchement moulu	

~ Préchauffer le four à 220 °C (425 °F).

~ Superposer 2 feuilles de pâte filo et badigeonner de beurre fondu. Les plier en deux et badigeonner de nouveau de beurre fondu.

~ Au centre, déposer 2 pétoncles et 3 crevettes; bien assaisonner. Ajouter du poivron rouge, du poivron jaune et du fenouil.

~ Fermer le chausson en repliant deux des côtés par-dessus la farce et en roulant les extrémités vers le centre. Badigeonner le dessus de beurre fondu. Répéter l'opération avec le reste des ingrédients pour obtenir 4 chaussons. Faire cuire 10 à 12 minutes, au four.

4 PORTIONS

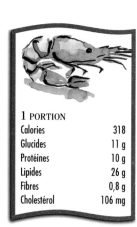

1 PORTION	
Calories	318
Glucides	11 g
Protéines	10 g
Lipides	26 g
Fibres	0,8 g
Cholestérol	106 mg

Badigeonner de beurre les feuilles de pâte filo et les plier en 2.

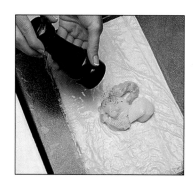

Déposer les pétoncles et les crevettes au centre.

Ajouter les poivrons et le fenouil.

*NOTE : LA PÂTE FILO, TRÈS FINE, EST SOUVENT UTILISÉE DANS LA CUISINE GRECQUE. ON PEUT CONSERVER UN PAQUET NON OUVERT JUSQU'À 1 MOIS AU RÉFRIGÉRATEUR ET DE 3 À 4 JOURS S'IL EST OUVERT. UN PAQUET SCELLÉ SE CONSERVERA 1 AN AU CONGÉLATEUR.

Plier deux des côtés par-dessus la farce.

Rouler les extrémités vers le centre.

Badigeonner de beurre fondu.

Coquilles Saint-Jacques* gratinées

3	grosses pommes de terre, en cubes	3
45 ml	beurre	3 c. à s.
50 ml	lait chaud	¼ tasse
450 g	pétoncles frais	1 lb
2	échalotes françaises, hachées finement	2
125 ml	vin blanc sec	½ tasse
250 ml	fumet de poisson	1 tasse
2	brins de persil	2
30 ml	farine tout usage	2 c. à s.
50 ml	crème 35 %	¼ tasse
175 ml	gruyère râpé	¾ tasse
	sel et poivre fraîchement moulu	

∼ Faire cuire les pommes de terre dans une casserole d'eau bouillante salée, jusqu'à ce qu'elles soient tendres. Bien les égoutter et les réduire en purée. Ajouter 15 ml (1 c. à s.) de beurre et le lait chaud. Saler, poivrer et bien mélanger. Couvrir et garder au chaud.

∼ Dans un grand poêlon, mettre les pétoncles, les échalotes, le vin, le fumet de poisson et le persil. Couvrir et porter à ébullition à feu moyen. Retirer du feu, retourner les pétoncles et laisser reposer 2 minutes.

∼ Retirer les pétoncles avec une écumoire et réserver. Poursuivre la cuisson du liquide 6 minutes, à feu vif; jeter le persil. Verser le liquide dans un bol et réserver.

∼ Faire chauffer le reste du beurre à feu moyen, dans une casserole. Saupoudrer la farine, bien mélanger et incorporer au fouet le liquide de cuisson réservé. Rectifier l'assaisonnement.

∼ Ajouter la crème, remuer et faire cuire la sauce 6 à 8 minutes, à feu doux. Ajouter les pétoncles et faire mijoter 2 minutes.

∼ Remplir une poche à douille de purée de pommes de terre et tracer un ruban sur le pourtour de chaque coquille Saint-Jacques. Mettre les pétoncles et leur sauce au centre et parsemer de gruyère. Faire griller au four 3 minutes, ou jusqu'à ce que le fromage soit légèrement doré.

4 PORTIONS

*NOTE : LE NOM «COQUILLE SAINT-JACQUES» EST DONNÉ AU MOLLUSQUE DANS SON ENTIER, C'EST-À-DIRE LA COQUILLE, LE PÉTONCLE, LA MEMBRANE, LE BYSSUS ET LE CORAIL. POUR CETTE RECETTE, SE PROCURER DES COQUILLES VIDES, QUI SE VENDENT SÉPARÉMENT.

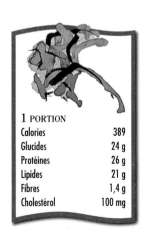

1 PORTION	
Calories	389
Glucides	24 g
Protéines	26 g
Lipides	21 g
Fibres	1,4 g
Cholestérol	100 mg

LANGOUSTINES AU PARMESAN

20	grosses langoustines* fraîches	20
30 ml	huile d'olive	2 c. à s.
2	gousses d'ail, hachées finement	2
30 ml	persil frais, haché	2 c. à s.
50 ml	parmesan fraîchement râpé	¼ tasse
30 ml	chapelure	2 c. à s.
	sel et poivre fraîchement moulu	

∼ Préchauffer le four à 200 °C (400 °F).

∼ Déposer les langoustines sur le plan de travail, la carapace vers le haut. Avec un couteau, les trancher dans le sens de la longueur, en laissant assez de chair intacte pour les ouvrir en papillon.

∼ Mélanger l'huile d'olive, l'ail, le persil, le parmesan et la chapelure. Assaisonner les langoustines et les recouvrir du mélange au fromage. Faire cuire au four 7 à 8 minutes. Servir avec du citron.

4 PORTIONS

*NOTE : LA LANGOUSTINE EST UNE VARIÉTÉ PARTICULIÈRE DE GROSSE CREVETTE ITALIENNE. DANS CETTE RECETTE, LES LANGOUSTINES PEUVENT ÊTRE REMPLACÉES PAR DES CREVETTES GÉANTES.

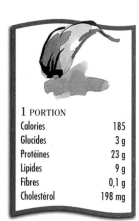

1 PORTION	
Calories	185
Glucides	3 g
Protéines	23 g
Lipides	9 g
Fibres	0,1 g
Cholestérol	198 mg

~~~~~~~~~~~~~~~~~

*NOTE : LES AMANDES SONT TRÈS NUTRITIVES. ELLES ONT UNE TENEUR ÉLEVÉE EN FIBRES, SONT FAIBLES EN CHOLESTÉROL ET CONSTITUENT UNE EXCELLENTE SOURCE DE VITAMINE E ET DE MAGNÉSIUM.

FILETS DE DAURADE AUX AMANDES

4	filets de daurade, de 150 g (⅓ lb) chacun, sans la peau	4
30 ml	beurre ramolli	2 c. à s.
15 ml	persil frais, haché	1 c. à s.
60 ml	chapelure	4 c. à s.
125 ml	amandes moulues*	½ tasse
30 ml	huile d'olive	2 c. à s.
2	échalotes françaises, hachées	2
20	courgettes miniatures, émincées	20
500 ml	haricots jaunes, cuits à la vapeur	2 tasses
	sel et poivre fraîchement moulu	

⁓ Préchauffer le four à 190 °C (375 °F).

⁓ Assaisonner les filets de daurade. Mélanger le beurre, le persil, la chapelure et les amandes moulues. Recouvrir les filets de ce mélange et les placer dans un plat allant au four, légèrement huilé.

⁓ Faire cuire le poisson 10 minutes au four. Pendant ce temps, faire chauffer l'huile dans un poêlon; y faire sauter les échalotes 2 minutes.

⁓ Ajouter les courgettes et poursuivre la cuisson 3 minutes. Servir les filets de daurade avec les courgettes sautées et les haricots jaunes cuits à la vapeur.

4 PORTIONS

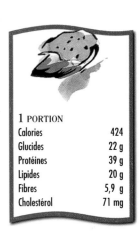

1 PORTION	
Calories	424
Glucides	22 g
Protéines	39 g
Lipides	20 g
Fibres	5,9 g
Cholestérol	71 mg

*NOTE : LE KOULIBIAC EST
UN PÂTÉ RUSSE,
TRADITIONNELLEMENT FAIT
À BASE DE CHOU ET
DE SEMOULE DE SARRAZIN.
IL EN EXISTE DE
NOMBREUSES VARIANTES, ET
ON LE PRÉPARE MAINTENANT
AVEC DE LA PÂTE À BRIOCHE
OU DE LA PÂTE FEUILLETÉE.

*Couvrir les champignons de riz,
puis de saumon.*

*Couvrir d'oseille et des
quartiers d'œufs durs.*

*Couvrir d'une abaisse de pâte
feuilletée.*

Koulibiac*

450 g	saumon frais, sans la peau	1 lb
115 g	oseille frais ou épinards	¼ lb
375 ml	riz cuit	1½ tasse
15 ml	persil frais, haché	1 c. à s.
15 ml	ciboulette fraîche, hachée	1 c. à s.
15 ml	beurre	1 c. à s.
4	échalotes françaises, hachées	4
225 g	champignons, en dés	½ lb
450 g	pâte feuilletée	1 lb
3	œufs durs, en quartiers	3
1	jaune d'œuf, battu avec 15 ml (1 c. à s.) d'eau	1
	coulis de fines herbes (voir p. 250)	
	sel et poivre du moulin	

∽ Dans une casserole, porter 2 litres (8 tasses) d'eau à ébullition. Y déposer le saumon et faire cuire 8 minutes, à feu moyen. Retirer le poisson et le laisser refroidir; émietter la chair et réserver. Blanchir l'oseille 1 minute dans le liquide de cuisson. Bien égoutter.

∽ Mélanger le riz, le persil et la ciboulette; assaisonner et réserver.

∽ Faire fondre le beurre dans un poêlon, à feu moyen-vif; y faire revenir les échalotes 2 minutes. Ajouter les champignons et faire cuire jusqu'à ce que le liquide soit entièrement évaporé. Assaisonner et réserver.

∽ Préchauffer le four à 200 °C (400 °F).

∽ Abaisser la pâte en un rectangle d'environ 20 cm sur 30 cm (8 po sur 12 po). Égoutter les champignons et les étaler sur la pâte, en laissant une bordure de 2,5 cm (1po). Couvrir de riz.

∽ Sur le dessus, disposer le saumon, l'oseille et les quartiers d'œufs durs. Humecter les côtés de la pâte et recouvrir d'une deuxième abaisse d'environ 25 cm sur 35 cm (10 po sur 14 po); pincer les côtés pour sceller.

∽ Badigeonner le dessus de jaune d'œuf battu et faire cuire au four, 30 à 40 minutes. Servir avec un coulis aux fines herbes.

4 PORTIONS

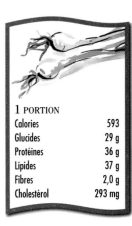

1 PORTION	
Calories	593
Glucides	29 g
Protéines	36 g
Lipides	37 g
Fibres	2,0 g
Cholestérol	293 mg

PAELLA* À LA VALENCIENNE

16	moules fraîches, brossées, ébarbées et lavées	16
250 ml	vin blanc sec	1 tasse
12	palourdes fraîches, brossées	12
30 ml	huile d'olive	2 c. à s.
2	oignons, hachés	2
500 ml	riz à grains longs, rincé	2 tasses
3	tomates, pelées, épépinées et hachées	3
1	saucisse chorizo, tranchée	1
1	poivron vert, coupé en 2 et émincé	1
3	gousses d'ail, hachées	3
30 ml	persil frais, haché	2 c. à s.
15 ml	thym frais, haché	1 c. à s.
1	grosse pincée de safran	1
1 ml	piment de Cayenne	¼ c. à t.
450 g	crevettes fraîches de taille moyenne, décortiquées et déveinées	1 lb
250 ml	petits pois cuits	1 tasse
	sel et poivre fraîchement moulu	

∼ Dans une casserole, mettre les moules et le vin. Couvrir et faire cuire à feu vif, jusqu'à ce que les coquilles s'ouvrent. Retirer avec une écumoire et réserver; jeter toutes les moules qui ne sont pas ouvertes. Faire cuire les palourdes de la même façon.

∼ Filtrer le liquide de cuisson à travers une passoire tapissée de coton fromage. Ajouter de l'eau pour obtenir 1 litre (4 tasses) de liquide et réserver.

∼ Préchauffer le four à 180 °C (350 °F).

∼ Faire chauffer l'huile dans un plat à paella ou dans un poêlon allant au four, à feu moyen. Ajouter les oignons et le riz; faire cuire 4 minutes. Ajouter les tomates, le chorizo, le poivron, l'ail, le persil, le thym, le safran et le piment de Cayenne; bien assaisonner. Mouiller avec le liquide réservé et faire cuire au four, 15 minutes, à découvert.

∼ Retirer du four et ajouter les crevettes, les moules, les palourdes et les petits pois. Remettre au four et faire cuire 8 minutes; bien mélanger et servir.

4 PORTIONS

*NOTE : LA PAELLA EST UN PLAT ESPAGNOL TRADITIONNEL. SON NOM VIENT DU PLAT DANS LEQUEL ON LE FAIT CUIRE, LA «PAELLERA», QUI EST UN GRAND POÊLON AVEC DEUX ANSES.

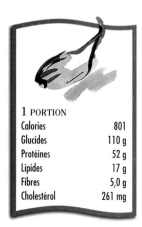

1 PORTION	
Calories	801
Glucides	110 g
Protéines	52 g
Lipides	17 g
Fibres	5,0 g
Cholestérol	261 mg

MOULES AU GRATIN*

1,8 kg	moules, brossées, ébarbées et lavées	4 lb
125 ml	vin blanc sec	½ tasse
250 ml	crème 35 %	1 tasse
15 ml	beurre	1 c. à s.
1	oignon, haché finement	1
1	gousse d'ail, hachée finement	1
225 g	champignons, hachés finement	½ lb
30 ml	basilic frais, haché	2 c. à s.
50 ml	chapelure	¼ tasse
	sel et poivre fraîchement moulu	

~ Mettre les moules et le vin dans une casserole; couvrir et porter à ébullition. Faire cuire à feu moyen, en remuant à l'occasion, environ 5 minutes ou jusqu'à ce que les coquilles s'ouvrent. Retirer les moules des coquilles; jeter toutes celles qui ne sont pas ouvertes, et réserver.

~ Filtrer le liquide de cuisson, le porter à ébullition, y ajouter la crème et laisser réduire de moitié.

~ Préchauffer le four à 200 °C (400 °F).

~ Faire fondre le beurre dans un poêlon à feu vif. Ajouter l'oignon et faire cuire 3 minutes. Ajouter l'ail et les champignons; bien assaisonner. Poursuivre la cuisson 4 minutes, à feu moyen.

~ Ajouter à la sauce les moules et les légumes sautés; bien mélanger. Ajouter le basilic et rectifier l'assaisonnement. Verser dans des petits plats allant au four, parsemer de chapelure et faire cuire au four 10 minutes.

4 PORTIONS

*NOTE : LA CUISSON AU GRATIN EST UNE MÉTHODE DE CUISSON DES POISSONS, DES VIANDES, DES LÉGUMES ET DES PÂTES AVEC UNE CROÛTE DE FROMAGE RÂPÉ OU DE CHAPELURE QUI BRUNIT AU FOUR. NON SEULEMENT LA CROÛTE REHAUSSE LA SAVEUR DE CES PLATS, MAIS ELLE EMPÊCHE AUSSI LES ALIMENTS DE SÉCHER.

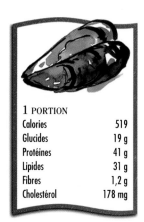

1 PORTION	
Calories	519
Glucides	19 g
Protéines	41 g
Lipides	31 g
Fibres	1,2 g
Cholestérol	178 mg

GRILLÉS

Les repas cuisinés sur le gril ont toujours un air de fête

qui incite à la détente et… à la gourmandise! En effet,

l'arôme qui se dégage d'un poisson ou de fruits de mer

cuits au barbecue, parfumés aux fines herbes et

arrosés d'huile d'olive et d'un trait de jus de citron,

n'a pas son pareil pour mettre en appétit!

Les recettes de ce chapitre sont toutes autant de

prétextes pour organiser des barbecues entre amis

et profiter des belles journées de la saison estivale.

BONITE, SAUCE AU POIVRE VERT

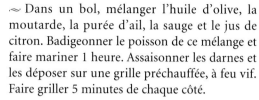

45 ml	huile d'olive	3 c. à s.
15 ml	moutarde forte	1 c. à s.
2	gousses d'ail, blanchies, en purée	2
7 ml	sauge fraîche, hachée	½ c. à s.
4	darnes de bonite de 175 g (6 oz) chacune	4
15 ml	beurre	1 c. à s.
2	échalotes françaises, hachées	2
15 ml	grains de poivre vert*, écrasés	1 c. à s.
250 ml	crème 35 %	1 tasse
	jus de ½ citron	
	sel et poivre fraîchement moulu	

∿ Dans un bol, mélanger l'huile d'olive, la moutarde, la purée d'ail, la sauge et le jus de citron. Badigeonner le poisson de ce mélange et faire mariner 1 heure. Assaisonner les darnes et les déposer sur une grille préchauffée, à feu vif. Faire griller 5 minutes de chaque côté.

∿ Pendant ce temps, faire fondre le beurre dans une petite casserole et y faire sauter les échalotes 2 minutes. Ajouter les grains de poivre vert, bien mélanger et ajouter la crème. Faire cuire à feu moyen environ 8 minutes, ou jusqu'à la consistance désirée. Servir le poisson avec la sauce au poivre vert.

∿ Pour obtenir une sauce plus relevée, doubler la quantité de poivre vert.

4 PORTIONS

*NOTE : LES GRAINS DE POIVRE VERT, CUEILLIS AVANT QU'ILS SOIENT MÛRS, SE VENDENT SÉCHÉS, DANS LE VINAIGRE OU DANS LA SAUMURE. DANS CE DERNIER CAS, IL FAUT LES RINCER AVANT DE LES UTILISER. LES GRAINS DE POIVRE VERT SE VENDENT RAREMENT FRAIS.

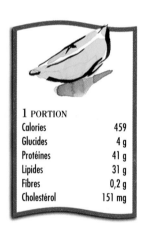

1 PORTION	
Calories	459
Glucides	4 g
Protéines	41 g
Lipides	31 g
Fibres	0,2 g
Cholestérol	151 mg

BAR NOIR GRILLÉ, MARINADE AUX AGRUMES

50 ml	huile d'olive extra-vierge	¼ tasse
30 ml	aneth frais, haché	2 c. à s.
1	bar noir* de 1,8 kg (4 lb), paré	1
	jus de 1 citron	
	jus de 1 lime	
	jus de 1 orange	
	sel et poivre fraîchement moulu	

∼ Dans un bol, mélanger l'huile, l'aneth et les jus de citron, de lime et d'orange. Badigeonner le poisson de ce mélange, à l'intérieur et à l'extérieur. Bien assaisonner.

∼ Faire cuire le poisson de 35 à 40 minutes au barbecue, à feu moyen, en le tournant à plusieurs reprises. Badigeonner fréquemment de marinade.

∼ Servir avec le reste de la marinade aux agrumes.

4 PORTIONS

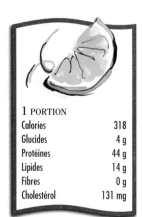

1 PORTION	
Calories	318
Glucides	4 g
Protéines	44 g
Lipides	14 g
Fibres	0 g
Cholestérol	131 mg

SAUMON TERIYAKI GRILLÉ

50 ml	sauce soya	¼ tasse
50 ml	mirin*	¼ tasse
50 ml	saké*	¼ tasse
30 ml	miel	2 c. à s.
15 ml	huile de tournesol	1 c. à s.
4	tranches de filet de saumon, de 150 g (⅓ lb) chacune, sans la peau	4

∼ Dans un plat peu profond, mélanger la sauce soya, le mirin, le saké, le miel et l'huile. Ajouter les tranches de saumon et faire mariner 10 minutes.

∼ Faire cuire le saumon à feu moyen, au barbecue préchauffé, 5 minutes de chaque côté ou selon le degré de cuisson désiré.

∼ Pendant ce temps, verser la marinade dans une casserole et porter à ébullition. En arroser les tranches de poisson, puis les servir avec du radis daïkon, des carottes en julienne et du riz cuit à la vapeur, si désiré.

4 PORTIONS

*NOTE : LE SAKÉ EST UNE BOISSON ALCOOLISÉE JAPONAISE FAITE DE RIZ FERMENTÉ ET D'EAU. IL EN EXISTE PLUSIEURS VARIÉTÉS, COMME LE TOSO, QUI EST SUCRÉ ET ÉPICÉ, ET LE SEISHU , QUI EST SOUVENT EXPORTÉ. LE MIRIN EST AUSSI UNE SORTE DE SAKÉ, FAIT DE RIZ ET D'ALCOOL DISTILLÉ.

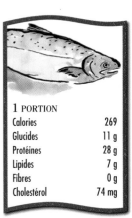

1 PORTION	
Calories	269
Glucides	11 g
Protéines	28 g
Lipides	7 g
Fibres	0 g
Cholestérol	74 mg

MAQUEREAU GRILLÉ EN FEUILLES DE VIGNE

50 ml	boulghour (blé concassé)	¼ tasse
125 ml	persil frais, haché	½ tasse
50 ml	menthe fraîche, hachée	¼ tasse
1	tomate, hachée finement	1
30 ml	huile d'olive extra-vierge	2 c. à s.
600 g	filets de maquereau, sans la peau	1⅓ lb
16	grandes feuilles de vigne*, rincées	16
	jus de ½ citron	
	sel et poivre fraîchement moulu	

~ Mettre le boulghour dans un bol, le couvrir d'eau froide et laisser reposer 1 heure. Égoutter, ajouter le persil, la menthe et la tomate ; bien mélanger. Ajouter l'huile d'olive et le jus de citron ; poivrer.

~ Retirer les arêtes des filets de maquereau et mettre le poisson sur un plan de travail. Couvrir un filet du mélange au boulgour, puis d'un autre filet. Saler, poivrer et couper en morceaux de 2,5 cm (1 po) d'épaisseur. Répéter cette opération avec les autres filets.

~ Envelopper chaque morceau dans une feuille de vigne et faire griller à feu moyen au barbecue préchauffé, environ 4 minutes de chaque côté. Servir chaud ou froid.

4 PORTIONS

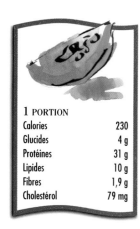

1 PORTION	
Calories	230
Glucides	4 g
Protéines	31 g
Lipides	10 g
Fibres	1,9 g
Cholestérol	79 mg

Faire tremper le boulghour dans l'eau et laisser reposer.

Égoutter le boulghour et ajouter le persil, la menthe et la tomate.

Couvrir un filet de maquereau du mélange au boulghour.

~~~~~~~~~~~~

*NOTE : LES FEUILLES DE
VIGNE REHAUSSENT LA
SAVEUR DU MAQUEREAU ET
EN CONSERVENT LES JUS À
L'INTÉRIEUR PENDANT LA
CUISSON.

Recouvrir d'un autre filet.

*Couper en morceaux de 2,5 cm
(1 po) d'épaisseur.*

*Envelopper chaque morceau
dans une feuille de vigne.*

SATAY DE POISSON ET CREVETTES À LA BALINAISE*

1	piment fort rouge, épépiné et haché finement	1
30 ml	cassonade	2 c. à s.
3	gousses d'ail	3
4	échalotes françaises	4
1	morceau de gingembre frais de 5 cm (2 po), épluché	1
1	morceau de curcuma frais de 5 cm (2 po), épluché	1
2	tomates, pelées, épépinées et hachées	2
30 ml	huile végétale	2 c. à s.
225 g	filets de vivaneau, sans la peau	½ lb
225 g	crevettes, décortiquées et déveinées	½ lb
250 ml	noix de coco fraîchement râpée	1 tasse
24	tiges de citronnelle ou brochettes de bambou, ayant trempé dans de l'eau	24
	sel de mer	

∽ Au robot culinaire, réduire en purée le piment fort, la cassonade, l'ail, les échalotes, le gingembre, le curcuma, les tomates et l'huile végétale.

∽ Hacher finement les filets de vivaneau et les crevettes au robot culinaire. Ajouter la noix de coco râpée et la purée épicée ; bien mélanger et saler.

∽ Mettre environ 45 ml (3 c. à s.) de mélange autour de chaque tige de citronnelle ou brochette de bambou et presser fermement pour le maintenir en place. Faire griller les brochettes de satay sur la grille huilée d'un barbecue très chaud, environ 2 minutes de chaque côté, ou jusqu'à l'obtention d'une couleur brun doré.

4 PORTIONS

*NOTE : CETTE SPÉCIALITÉ INDONÉSIENNE PEUT ÊTRE SERVIE À N'IMPORTE QUELLE HEURE DU JOUR, COMME COLLATION, HORS-D'ŒUVRE OU PLAT PRINCIPAL.

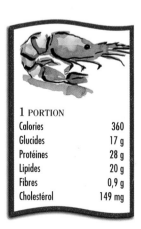

1 PORTION	
Calories	360
Glucides	17 g
Protéines	28 g
Lipides	20 g
Fibres	0,9 g
Cholestérol	149 mg

PÉTONCLES ET CREVETTES, MARINADE AU ROMARIN

45 ml	huile d'olive extra-vierge	3 c. à s.
15 ml	romarin frais, haché	1 c. à s.
15 ml	persil frais, haché	1 c. à s.
12	pétoncles frais	12
8	grosses crevettes fraîches, décortiquées et déveinées	8
4	cœurs d'artichaut marinés	4
	jus et zeste de 1 citron	
	sel de mer et poivre fraîchement moulu	
	brochettes de bambou*	

≈ Dans un bol, mélanger l'huile d'olive, le romarin, le persil, le jus et le zeste de citron. Ajouter les pétoncles et les crevettes et faire mariner 30 minutes.

≈ Enfiler les pétoncles et les crevettes sur des brochettes. Assaisonner et faire griller 3 minutes de chaque côté au barbecue préchauffé.

≈ Arroser les pétoncles et les crevettes de marinade et servir avec les cœurs d'artichaut marinés.

4 PORTIONS

*NOTE : LES BROCHETTES DE BAMBOU DOIVENT ÊTRE MISES À TREMPER DANS DE L'EAU FROIDE UNE DEMI-HEURE AVANT D'ÊTRE UTILISÉES, POUR QU'ELLES NE BRÛLENT PAS SUR LE GRIL.

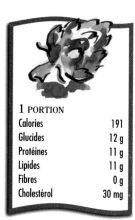

1 PORTION	
Calories	191
Glucides	12 g
Protéines	11 g
Lipides	11 g
Fibres	0 g
Cholestérol	30 mg

~~~~~~~~~~~~~~~~

*NOTE : LA TRUITE SAUMONÉE EST UNE ESPÈCE QUI VIT DANS LES LACS ET LES COURS D'EAU RAPIDES. ELLE SE NOURRIT PRINCIPALEMENT DE COQUILLAGES, CE QUI DONNE À SA CHAIR UNE COULEUR ROSÉE, D'OÙ SON NOM.

TRUITE SAUMONÉE*, VINAIGRETTE À L'AIL

45 ml	huile d'olive extra-vierge	3 c. à s.
15 ml	vinaigre de vin rouge	1 c. à s.
5 ml	moutarde forte	1 c. à t.
2	gousses d'ail, hachées finement	2
2	tomates italiennes, épépinées et émincées	2
4	tranches de filet de truite saumonée de 150 g (⅓ lb) chacune	4
	sel et poivre fraîchement moulu	

∾ Mélanger l'huile d'olive, le vinaigre, la moutarde, l'ail et les tranches de tomates. Réserver.

∾ Assaisonner le poisson et le faire cuire à feu moyen, environ 2 minutes de chaque côté, au barbecue préchauffé. Servir avec la vinaigrette à l'ail, des pommes de terre nouvelles et des poireaux cuits à la vapeur, si désiré.

4 PORTIONS

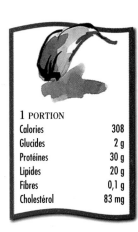

1 PORTION	
Calories	308
Glucides	2 g
Protéines	30 g
Lipides	20 g
Fibres	0,1 g
Cholestérol	83 mg

VIVANEAU ÉPICÉ EN FEUILLES DE BANANIER

2	piments forts rouges, épépinés	2
3	gousses d'ail	3
5	échalotes françaises	5
1	morceau de gingembre frais de 5 cm (2 po), épluché	1
1	morceau de curcuma frais de 2,5 cm (1 po), épluché	1
5 ml	graines de coriandre	1 c. à t.
2	tomates, pelées et épépinées	2
125 ml	bouillon de poulet	½ tasse
600 g	filets de vivaneau, coupés en 8 morceaux	1⅓ lb
4	feuilles de bananier*, coupées en carrés de 20 cm (8 po) de côté	4

～ Au mélangeur, réduire en purée les piments forts, l'ail, les échalotes, le gingembre, le curcuma, les graines de coriandre, les tomates et le bouillon de poulet.

～ Mettre les morceaux de vivaneau dans un plat allant au four et verser la purée épicée par-dessus; faire mariner 2 heures au réfrigérateur.

～ Passer les feuilles de bananier au-dessus de la chaleur pour qu'elles deviennent souples et brillantes, ou les plonger dans de l'eau bouillante 2 minutes. Ensuite, sur chaque feuille, mettre 2 morceaux de vivaneau, l'un par-dessus l'autre. Replier la feuille pour bien envelopper le poisson. Attacher avec une ficelle et faire griller 5 à 6 minutes de chaque côté, au barbecue préchauffé.

4 PORTIONS

*NOTE : LES FEUILLES DE BANANIER SE TROUVENT DANS CERTAINES ÉPICERIES SPÉCIALISÉES (ANTILLAISES, AFRICAINES, SUD-AMÉRICAINES ET ASIATIQUES). ELLES DOIVENT ÊTRE CONSERVÉES AU CONGÉLATEUR JUSQU'AU MOMENT DE LES UTILISER.

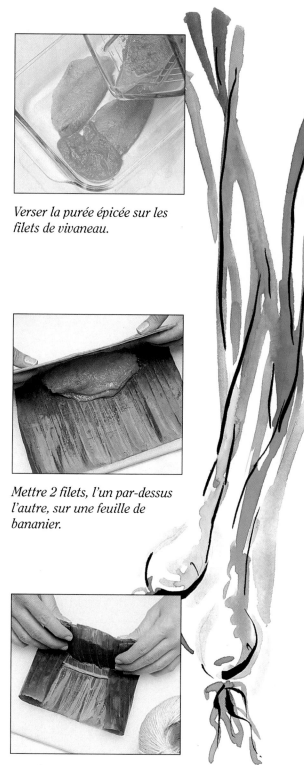

Verser la purée épicée sur les filets de vivaneau.

Mettre 2 filets, l'un par-dessus l'autre, sur une feuille de bananier.

Envelopper le poisson et attacher avec une ficelle.

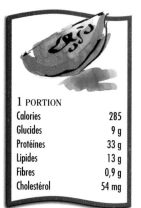

1 PORTION	
Calories	285
Glucides	9 g
Protéines	33 g
Lipides	13 g
Fibres	0,9 g
Cholestérol	54 mg

Tournedos de saumon, beurre aux fines herbes

4	darnes de saumon de 175 g (6 oz) chacune	4
50 ml	beurre non salé, ramolli	¼ tasse
2	échalotes françaises, hachées	2
30 ml	moutarde à l'ancienne	2 c. à s.
30 ml	persil frais, haché	2 c. à s.
15 ml	aneth frais*, haché	1 c. à s.
	sel et poivre fraîchement moulu	

~ Préparer les tournedos de saumon (voir p. 9).

~ Dans une petite casserole, faire fondre 15 ml (1 c. à s.) de beurre. Y faire sauter les échalotes 2 minutes. Ajouter la moutarde et bien mélanger. Incorporer le reste du beurre au fouet, jusqu'à l'obtention d'une texture lisse. Ajouter le persil et l'aneth; garder au chaud à feu doux. Si la sauce perd de sa consistance, la battre au fouet de nouveau juste avant de servir.

~ Assaisonner les tournedos de saumon et, au barbecue préchauffé, les faire cuire de 3 à 4 minutes de chaque côté, ou jusqu'au degré de cuisson désiré. Servir avec le beurre aux fines herbes et des asperges, si désiré.

4 PORTIONS

*Note : L'aneth perd de son parfum à la cuisson. Il vaut mieux l'ajouter à la dernière minute.

1 PORTION	
Calories	292
Glucides	3 g
Protéines	34 g
Lipides	16 g
Fibres	0 g
Cholestérol	118 mg

~~~~~~~~~~~~~~~

***NOTE :** POUR CONCASSER LES GRAINS DE POIVRE NOIR, LES METTRE DANS UN SAC DE PLASTIQUE ÉPAIS ET LES ÉCRASER AVEC LE FOND D'UNE PETITE CASSEROLE OU UN OBJET LOURD.

THON AU POIVRE À LA MODE SICILIENNE   ~

4	**tranches de thon frais de 175 g (6 oz) chacune**	4
45 ml	**grains de poivre noir concassés***	3 c. à s.
30 ml	**origan frais, haché**	2 c. à s.
125 ml	**huile d'olive extra-vierge**	½ tasse
4	**tomates rouges, en quartiers**	4
4	**tomates jaunes, en quartiers**	4
	jus de 2 citrons	
	sel	
	origan frais, pour garnir	

~ Préchauffer le barbecue; la grille doit être très chaude, pour que le poisson n'attache pas. Couvrir les tranches de thon de poivre et réserver.

~ À la fourchette, mélanger le jus de citron et l'origan haché. Incorporer graduellement l'huile d'olive, au fouet, et réserver la vinaigrette.

~ Répartir les quartiers de tomate entre quatre assiettes.

~ Saler le thon et le faire griller à feu vif environ 2 minutes de chaque côté. Dresser 1 tranche au centre de chaque assiette, arroser de vinaigrette et garnir d'origan frais. Servir avec des pâtes, si désiré.

4 PORTIONS

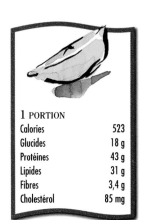

1 PORTION	
Calories	523
Glucides	18 g
Protéines	43 g
Lipides	31 g
Fibres	3,4 g
Cholestérol	85 mg

BAR RAYÉ À LA TAPENADE ET AUX ARTICHAUTS

15 ml	vinaigre balsamique	1 c. à s.
45 ml	huile d'olive extra-vierge	3 c. à s.
1	gousse d'ail, hachée	1
6	cœurs d'artichaut, en quartiers	6
3	petits oignons rouges, tranchés	3
4	filets de bar rayé de 150 g (⅓ lb) chacun, avec la peau	4
16	feuilles d'origan frais	16
60 ml	tapenade*	4 c. à s.
	sel de mer et poivre fraîchement moulu	

∽ Dans un bol, mélanger le vinaigre balsamique, l'huile d'olive et l'ail. Ajouter les cœurs d'artichaut et les oignons; assaisonner et faire mariner 30 minutes.

∽ Pendant ce temps, badigeonner les filets de bar rayé avec un peu d'huile d'olive, saler et poivrer. Faire cuire au barbecue sur une grille très chaude, 3 minutes de chaque côté.

∽ Ajouter l'origan aux artichauts marinés. Couper chaque filet en deux; servir avec les artichauts marinés et la tapenade.

4 PORTIONS

*NOTE : LA TAPENADE, UN CONDIMENT PROVENÇAL, EST FAIT D'OLIVES NOIRES DÉNOYAUTÉES, D'ANCHOIS DESSALÉS ET DE CÂPRES. LES INGRÉDIENTS SONT BROYÉS AU MORTIER ET ASSAISONNÉS DE JUS DE CITRON, D'HUILE D'OLIVE ET D'AROMATES.

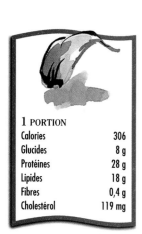

1 PORTION	
Calories	306
Glucides	8 g
Protéines	28 g
Lipides	18 g
Fibres	0,4 g
Cholestérol	119 mg

BROCHETTES DE LANGOUSTINES AU THYM ET À L'AIL

50 ml	huile d'olive extra-vierge	¼ tasse
12	gousses d'ail, blanchies	12
15 ml	thym frais, haché	1 c. à s.
24	grosses langoustines, décortiquées et déveinées	24
1	pincée de paprika	1
	jus de 1 citron	
	petites brochettes de bambou*	
	sel et poivre fraîchement moulu	

⁓ Dans un bol, mélanger l'huile d'olive, l'ail, le thym et le jus de citron. Y faire mariner les langoustines 30 minutes.

⁓ Enfiler alternativement les langoustines et les gousses d'ail sur les brochettes. Bien assaisonner et saupoudrer de paprika.

⁓ Faire cuire 6 minutes sur une grille préchauffée, en tournant une fois pendant la cuisson et en badigeonnant de marinade. Servir immédiatement.

4 PORTIONS

*NOTE : LES BROCHETTES DE BAMBOU DOIVENT ÊTRE MISES À TREMPER DANS DE L'EAU FROIDE UNE DEMI-HEURE AVANT D'ÊTRE UTILISÉES, POUR QU'ELLES NE BRÛLENT PAS SUR LE GRIL.

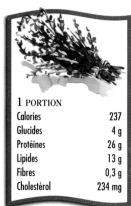

1 PORTION	
Calories	237
Glucides	4 g
Protéines	26 g
Lipides	13 g
Fibres	0,3 g
Cholestérol	234 mg

DARNES DE FLÉTAN MARINÉES À L'AIGRE-DOUX ~

4	darnes de flétan de 175 g (6 oz) chacune	4
45 ml	huile d'arachide	3 c. à s.
15 ml	huile de sésame	1 c. à s.
30 ml	sauce soya*	2 c. à s.
30 ml	miel	2 c. à s.
3	gousses d'ail, hachées finement	3
50 ml	bouillon de poulet	¼ tasse
	jus de ½ citron	
	poivre fraîchement moulu	

~ Mettre les darnes de flétan dans un plat peu profond et poivrer. Dans un bol, mélanger l'huile d'arachide, l'huile de sésame, la sauce soya, le miel, l'ail, le bouillon de poulet et le jus de citron.

~ Verser sur le poisson et faire mariner 1 heure. Retourner les darnes et faire mariner encore 1 heure.

~ Au barbecue préchauffé, faire griller le poisson 6 à 7 minutes de chaque côté, ou selon l'épaisseur des darnes. Badigeonner fréquemment de marinade pendant la cuisson.

~ Servir le poisson avec du riz frit aux légumes et des courgettes, si désiré.

4 PORTIONS

1 PORTION	
Calories	358
Glucides	11 g
Protéines	38 g
Lipides	18 g
Fibres	0,1 g
Cholestérol	57 mg

TRUITES FARCIES AUX ÉPINARDS ET AUX PIGNONS

4	petites truites entières de 225 g (½ lb) chacune	4
15 ml	beurre	1 c. à s.
500 ml	épinards frais, hachés grossièrement	2 tasses
250 ml	fromage ricotta	1 tasse
50 ml	fromage pecorino	¼ tasse
175 ml	chapelure fraîche	¾ tasse
125 ml	pignons, rôtis et hachés	½ tasse
30 ml	huile d'olive	2 c. à s.
	jus de 1 citron	
	sel et poivre fraîchement moulu	

∼ Préparer les truites (voir p. 7).

∼ Faire fondre le beurre dans un poêlon et y faire sauter les épinards 2 minutes. Retirer du feu et ajouter la ricotta; bien mélanger. Ajouter le pecorino, la chapelure et les pignons.

∼ Assaisonner l'intérieur de chaque truite et farcir* du mélange aux épinards et au fromage. Maintenir en place avec de la ficelle et badigeonner d'huile d'olive.

∼ Au barbecue préchauffé, faire griller les poissons 10 minutes, ou selon leur grosseur, en les retournant une fois et en les badigeonnant de jus de citron pendant la cuisson. Servir immédiatement.

4 PORTIONS

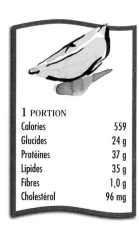

1 PORTION	
Calories	559
Glucides	24 g
Protéines	37 g
Lipides	35 g
Fibres	1,0 g
Cholestérol	96 mg

Faire sauter les épinards 2 minutes.

Ajouter la ricotta et bien mélanger.

Ajouter le pecorino, la chapelure et les pignons.

~~~~~~~~~~~~~~

*NOTE : POUR QUE LA FARCE DEMEURE DANS LA CAVITÉ ABDOMINALE DU POISSON, IL EST CONSEILLÉ DE FERMER L'OUVERTURE EN LA COUSANT À GROS POINTS AVEC UNE AIGUILLE À TROUSSER ET DE LA FICELLE.

Farcir la truite du mélange aux épinards et au fromage.

Attacher avec de la ficelle pour maintenir la farce en place.

Badigeonner d'huile d'olive.

ESPADON GRILLÉ AVEC SAUCE AUX TOMATES SÉCHÉES

60 ml	huile d'olive	4 c. à s.
30 ml	thym frais, haché	2 c. à s.
2	feuilles de laurier	2
4	tranches de filet d'espadon de 175 g (6 oz) chacune	4
2	échalotes françaises, hachées	2
125 ml	fumet de poisson	½ tasse
6	grosses tomates*, pelées, épépinées et hachées	6
125 ml	tomates séchées, coupées en dés	½ tasse
½	piment fort de la Jamaïque, épépiné et haché finement	½
	zeste et jus de 1 lime	
	sel	

~ Dans un plat, mélanger 45 ml (3 c. à s.) d'huile d'olive, le thym, les feuilles de laurier, le zeste et le jus de lime. Y faire mariner les tranches d'espadon pendant 1 heure.

~ Pendant ce temps, préparer la sauce en faisant chauffer 15 ml (1 c. à s.) d'huile d'olive dans un poêlon. Y faire sauter les échalotes 2 minutes. Mouiller avec le fumet de poisson et poursuivre la cuisson 2 minutes, à feu moyen ; ajouter les tomates et bien assaisonner.

~ Ajouter les tomates séchées et le piment fort ; faire cuire 15 minutes, à feu moyen.

~ Assaisonner les tranches d'espadon et faire cuire, au barbecue préchauffé, de 6 à 7 minutes de chaque côté. Servir avec la sauce aux tomates.

4 PORTIONS

*NOTE : LES TOMATES CONSERVÉES À LA TEMPÉRATURE AMBIANTE ONT UNE SAVEUR PLUS PRONONCÉE QUE CELLES QUI SONT CONSERVÉES AU RÉFRIGÉRATEUR. UNE TOMATE DE TAILLE MOYENNE CONTIENT PRÈS DE LA MOITIÉ DE LA DOSE QUOTIDIENNE DE VITAMINE C RECOMMANDÉE.

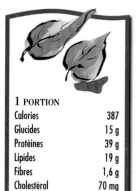

1 PORTION	
Calories	387
Glucides	15 g
Protéines	39 g
Lipides	19 g
Fibres	1,6 g
Cholestérol	70 mg

GRILLÉS

Brochettes de turbot, de courgettes et d'aubergine

600 g	filets de turbot	1⅓ lb
3	petites courgettes, tranchées	3
1	aubergine* de taille moyenne, en cubes	1
2	gousses d'ail, hachées finement	2
5 ml	thym frais, haché	1 c. à t.
2 ml	graines de fenouil	½ c. à t.
2 ml	graines de coriandre	½ c. à t.
125 ml	huile d'olive	½ tasse
	zeste de 1 citron, haché finement	
	jus de 1 citron	
	sel de mer et poivre fraîchement moulu	
	brochettes de bambou (voir Note p. 242)	

~ Couper les filets de turbot d'abord en longues lanières, puis en morceaux de 6 cm (2½ po) de long.

~ Rouler les lanières et les enfiler sur des brochettes de bois, en alternant avec les tranches de courgette et les cubes d'aubergine.

~ Dans un bol, mélanger l'ail, le zeste et le jus de citron, le thym, les graines de fenouil, les graines de coriandre et l'huile d'olive. Saler et poivrer. Badigeonner les brochettes de marinade et mettre 1 heure au réfrigérateur, en retournant une fois.

~ Au barbecue préchauffé, faire cuire les brochettes environ 4 minutes de chaque côté, en les badigeonnant généreusement de marinade.

4 PORTIONS

*NOTE : POUR QUE L'AUBERGINE PERDE DE SON AMERTUME ET ABSORBE MOINS DE GRAS LORS DE LA CUISSON, LA COUPER EN TRANCHES, PUIS PARSEMER LA CHAIR DE GROS SEL ET LAISSER DÉGORGER PENDANT 30 MINUTES. RINCER À L'EAU FROIDE, ÉGOUTTER ET ASSÉCHER AVEC DES ESSUIE-TOUT.

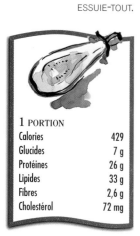

1 PORTION	
Calories	429
Glucides	7 g
Protéines	26 g
Lipides	33 g
Fibres	2,6 g
Cholestérol	72 mg

~~~~~~~~~~~~~

*NOTE : LE CERFEUIL VIENT DE RUSSIE, OÙ IL POUSSE À L'ÉTAT SAUVAGE. IL A ÉTÉ INTRODUIT DANS LE RESTE DE L'EUROPE PAR LES ROMAINS.

FILETS DE DAURADE AU CHÈVRE ET AU CERFEUIL

250 ml	bouillon de poulet	1 tasse
250 ml	botte de cerfeuil frais*, haché	1 tasse
250 ml	crème 15 %	1 tasse
115 g	fromage de chèvre frais	¼ lb
4	filets de daurade de 150 g (⅓ lb) chacun, avec la peau	4
30 ml	huile d'olive	2 c. à s.
	jus de ½ lime	
	sel de mer et poivre fraîchement moulu	

≈ Dans une casserole, porter le bouillon de poulet à ébullition. Y faire blanchir le cerfeuil 1 minute. Au mélangeur, réduire en purée; ajouter la crème. Assaisonner et remettre dans la casserole. Ajouter le chèvre et faire cuire à feu doux, en remuant constamment, jusqu'à ce que le fromage fonde; garder au chaud.

≈ Pratiquer de petites incisions dans la peau des filets de daurade. Badigeonner d'huile d'olive; saler et poivrer. Faire cuire sur une grille très chaude, environ 3 minutes de chaque côté; arroser de jus de lime pendant la cuisson.

≈ Servir les filets de daurade sur le coulis de chèvre et de cerfeuil. Décorer de brins de cerfeuil frais, si désiré.

4 PORTIONS

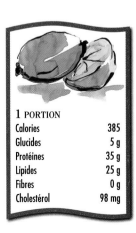

1 PORTION	
Calories	385
Glucides	5 g
Protéines	35 g
Lipides	25 g
Fibres	0 g
Cholestérol	98 mg

Mayonnaise

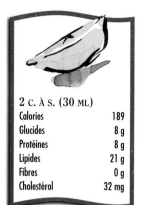

2	jaunes d'œufs	2
15 ml	moutarde forte	1 c. à s.
300 ml	huile d'olive	1¼ tasse
10 ml	vinaigre de vin	2 c. à t.
	jus de ½ citron	
	sel et poivre fraîchement moulu	

~ Au fouet, battre ensemble les jaunes d'œufs et la moutarde; assaisonner au goût. Ajouter l'huile d'olive en un mince filet, en fouettant constamment.

~ Lorsque le mélange commence à épaissir, ajouter le vinaigre et bien mélanger. Incorporer le reste de l'huile d'olive et le jus de citron. Rectifier l'assaisonnement et garder au réfrigérateur.

2 C. À S. (30 ML)

Calories	189
Glucides	8 g
Protéines	8 g
Lipides	21 g
Fibres	0 g
Cholestérol	32 mg

Mayonnaise aux fines herbes

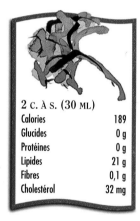

1	recette de mayonnaise (voir ci-dessus)	1
5 ml	aneth frais, haché	1 c. à t.
15 ml	ciboulette fraîche, hachée	1 c. à s.
15 ml	persil frais, haché	1 c. à s.
	poivre fraîchement moulu	

~ Mélanger la mayonnaise et les fines herbes; poivrer et conserver au réfrigérateur jusqu'au moment de l'utiliser.

2 C. À S. (30 ML)

Calories	189
Glucides	0 g
Protéines	0 g
Lipides	21 g
Fibres	0,1 g
Cholestérol	32 mg

Coulis de fines herbes

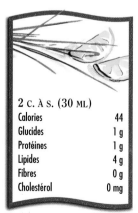

60 ml	aneth frais	4 c. à s.
125 ml	ciboulette fraîche, hachée	½ tasse
125 ml	persil frais, haché	½ tasse
125 ml	cerfeuil frais, haché	½ tasse
250 ml	bouillon de poulet, chaud	1 tasse
45 ml	huile d'olive extra-vierge	3 c. à s.
	sel et poivre fraîchement moulu	

~ Au mélangeur ou au robot culinaire, réduire en purée l'aneth, la ciboulette, le persil, le cerfeuil et le bouillon de poulet.

~ Ajouter graduellement l'huile d'olive et continuer à mélanger. Assaisonner et servir chaud ou à la température ambiante.

2 C. À S. (30 ML)

Calories	44
Glucides	1 g
Protéines	1 g
Lipides	4 g
Fibres	0 g
Cholestérol	0 mg

Sauce au miso et au tahini

30 ml	gingembre, haché	2 c. à s.
30 ml	vinaigre de riz	2 c. à s.
125 ml	tahini	½ tasse
125 ml	miso	½ tasse
	poivre fraîchement moulu	

≈ Mélanger le gingembre, le vinaigre et le tahini. Incorporer le miso ; ajouter assez d'eau pour donner à la sauce la consistance désirée. Poivrer et servir avec du poisson grillé ou cuit à la vapeur.

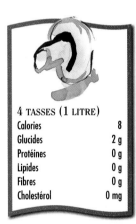

2 C. À S. (30 ML)	
Calories	103
Glucides	6 g
Protéines	4 g
Lipides	7 g
Fibres	0,7 g
Cholestérol	0 mg

Fumet de poisson

900 g	parures de poisson	2 lb
2	oignons, hachés	2
2	branches de céleri	2
115 g	champignons, tranchés	¼ lb
2	brins de thym frais	2
2	brins de persil frais	2
2	feuilles de laurier	2
	jus de ½ citron	
	poivre fraîchement moulu	

≈ Rincer les parures de poisson à l'eau froide courante et les mettre dans une grande casserole. Ajouter les oignons, le céleri et les champignons. Couvrir d'eau et porter à ébullition. Écumer et baisser le feu à moyen.

≈ Ajouter le thym, le persil, le laurier et le jus de citron ; poivrer au goût. Faire cuire, sans couvrir, environ 30 minutes. Filtrer à travers une passoire tapissée de coton fromage.

4 TASSES (1 LITRE)	
Calories	8
Glucides	2 g
Protéines	0 g
Lipides	0 g
Fibres	0 g
Cholestérol	0 mg

Sauce crémeuse au poisson

60 ml	beurre non salé	4 c. à s.
60 ml	farine tout usage	4 c. à s.
750 ml	fumet de poisson, chaud	3 tasses
	sel et poivre fraîchement moulu	

≈ Faire fondre le beurre dans une casserole, à feu moyen. Ajouter la farine et faire cuire 1 minute, à feu doux. Incorporer le fumet, assaisonner et bien mélanger. Faire cuire à feu doux jusqu'à ce que la sauce devienne épaisse et crémeuse.

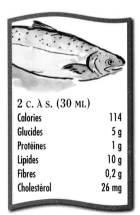

2 C. À S. (30 ML)	
Calories	114
Glucides	5 g
Protéines	1 g
Lipides	10 g
Fibres	0,2 g
Cholestérol	26 mg

DASHI

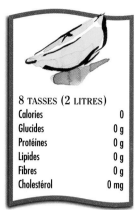

2 litres	eau	8 tasses
10 g	flocons de bonite séchée	⅓ oz
½	algue kombu	½

8 TASSES (2 LITRES)

Calories	0
Glucides	0 g
Protéines	0 g
Lipides	0 g
Fibres	0 g
Cholestérol	0 mg

~ Dans une grande casserole, porter l'eau à ébullition. Ajouter les flocons de bonite et le kombu. Faire cuire à feu moyen quelques secondes, ou jusqu'à ce que les flocons de bonite tombent au fond de la casserole. Le filtrer à travers un coton fromage avant de l'utiliser.

HUILE AU BASILIC

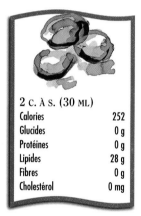

500 ml	huile d'olive	2 tasses
500 ml	feuilles de basilic frais	2 tasses

2 C. À S. (30 ML)

Calories	252
Glucides	0 g
Protéines	0 g
Lipides	28 g
Fibres	0 g
Cholestérol	0 mg

~ Verser l'huile d'olive dans le mélangeur ou le robot culinaire; ajouter le basilic et réduire en purée. Mettre dans un pot de verre ou de céramique et laisser reposer 24 heures.

~ Filtrer, en s'assurant de récupérer le plus d'huile possible, et conserver dans un endroit frais jusqu'au moment de l'utiliser. Cette huile est idéale dans les salades et avec du poisson grillé.

BEURRE BLANC

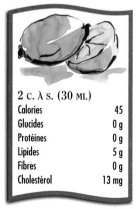

225 g	beurre non salé, froid	½ lb
2	échalotes françaises, hachées	2
	jus de 1 lime	
	sel et poivre fraîchement moulu	

2 C. À S. (30 ML)

Calories	45
Glucides	0 g
Protéines	0 g
Lipides	5 g
Fibres	0 g
Cholestérol	13 mg

~ Faire fondre 15 ml (1 c. à s.) de beurre dans une casserole et y faire sauter les échalotes 2 minutes. Ajouter le jus de lime et faire mijoter jusqu'à ce que le mélange épaississe. Ajouter le reste du beurre, petit à petit, en fouettant constamment, à feu doux. La sauce devrait devenir crémeuse.

~ Garder au chaud à feu doux jusqu'à l'utilisation. Au besoin, fouetter légèrement juste avant de servir.

SAUCE HOLLANDAISE

2	jaunes d'œufs	2
15 ml	eau froide	1 c. à s.
175 ml	beurre clarifié fondu	¾ tasse
	jus de citron	
	sel et poivre fraîchement moulu	

 Battre les jaunes d'œufs et l'eau dans un bol en acier inoxydable. Saler et poivrer, puis déposer le bol sur une casserole d'eau bouillant légèrement.

 Ajouter le beurre, en fouettant constamment, jusqu'à ce que la sauce soit épaisse et crémeuse. Ajouter du jus de citron, au goût, et rectifier l'assaisonnement.

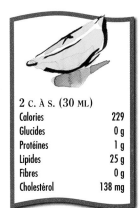

2 C. À S. (30 ML)

Calories	229
Glucides	0 g
Protéines	1 g
Lipides	25 g
Fibres	0 g
Cholestérol	138 mg

SAUCE TARTARE

1	recette de mayonnaise (voir p. 250)	1
1	échalote française, hachée	1
15 ml	persil frais, haché	1 c. à s.
30 ml	ciboulette fraîche, hachée	2 c. à s.
30 ml	câpres, hachées	2 c. à s.
60 ml	cornichons à l'aneth, hachés	4 c. à s.
	poivre fraîchement moulu	

 Mélanger tous les ingrédients. Garder au réfrigérateur jusqu'à l'utilisation.

2 C. À S. (30 ML)

Calories	157
Glucides	1 g
Protéines	0 g
Lipides	17 g
Fibres	0,1 g
Cholestérol	26 mg

SAUCE COCKTAIL

1	recette de mayonnaise (voir p. 250)	1
90 ml	sauce chili	6 c. à s.
30 ml	raifort	2 c. à s.
30 ml	jus de citron	2 c. à s.
	sel et poivre fraîchement moulu	

 Bien mélanger la mayonnaise, la sauce chili et le raifort. Ajouter le jus de citron, saler et poivrer. Réfrigérer avant de servir.

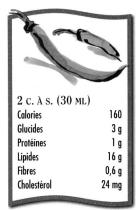

2 C. À S. (30 ML)

Calories	160
Glucides	3 g
Protéines	1 g
Lipides	16 g
Fibres	0,6 g
Cholestérol	24 mg

INDEX